중동의 대학교육과 고등교육 협력방안

고려대학교
파안연구총서
공감 04

坡岸

중동의
대학교육과
고등교육 협력방안

명순구 · 김종도 · 김재희 · 이양희 · 성일광 · 박현도

세창출판사

머리말 ———————

법학을 연구하는 사람으로서 법의 목적은 늘 핵심 고민거리입니다. 법의 목적 또는 이념으로 여러 가지를 떠올릴 수 있지만, '평화' 또한 우리가 잊지 말아야 할 핵심가치입니다. 복잡한 사회현상 속에서 타인과의 공감은 평화를 위한 출발이며, 법이 추구하는 평화도 공감을 향한 의지에서 비롯됩니다. 사회구성원 간의 공감이 중요한 화두로 등장한 이 시대에 고려대학교 파안연구기금이 '공감' 총서를 발간하는 이유입니다.

세계사와 민족사의 시각에서 특별한 의미를 가지는 3·1운동 100주년에 맞춰 '공감' 제3권(「1919년 보성전문, 시대·사회·문화」)을 출간한 것이 2020년이었습니다. 3·1운동의 핵심이 고려대학교의 전신 보성전문(普成專門)이라는 사실에 대한 학문적 확인과 평가였습니다. 제3권이 역사를 보듬는 시각이었다면, 이번 제4권은 대학의 미래를 위한 하나의 신중하고 묵직한 제안입니다. 일반적으로 현대 대학사회에서 '협력' 또는 '협업'은 새로운 단계의 발전을 위한 필수 덕목에 해당합니다. 사회발전에 있어서 대학의 역할을 생각할 때 이는 대한민국의 미래를 위한 중요한 동력이기도 합니다.

협력·협업은 타인에 대한 정확한 인식과 아울러 더불어 나아가고자 하는 의지를 요구합니다. 다른 대학과의 협력·협업을 위해서는 당연히 개방적 태도가 선행되어야 하는데, 때에 따라서는 창의적 사고가 중요하게 작용합니다. 중동지역 대학과의 협력이 그러하다고 생각합니다. 아직도 중동은 우리나라 대학사회에게 낯설다고 할 수 있습니다. 그런데 현재 중동은 결코 과거의 중동이 아닙니다. 단순히 석유를 파는 지역이 아니라 스마트시티, 스마트팜, 물(blue gold), 헬스케어, 신재생에너지의 테스트베드로 탈바꿈하고 있습니다. 중동지역에서 여성인권 등 사회정책도 급속한 변화를 거듭하고 있으며, 이에 발맞추어 대학의 발걸음도 바빠지고 있습니다. 이에 따라 국내 대학으로서는 중동지역 대학과의 협력·협업을 통한 win-win 구도가 형성되고 있습니다. '공감' 제4권을 출간하는 이유입니다.

4차산업혁명 시대 사회변화에 대응하기 위해 세계의 대학이 막대한 투자를 이어가고 있는 이 시기에 대한민국의 대학은 투자는커녕 재정난에 허덕이고 있습니다. 사회발전에 있어서 대학의 역할을 생각해 볼 때 이는 매우 심각한 상황입니다. 이제 대한민국의 대학은 자신이 보유한 지식자산을 산업 수요에 연결시키는 등의 방법으로 새로운 차원의 도약을 준비해야 합니다. 그리고 정부는 규제의 시각을 전환하는 등의 태도로 이러한 대학의 노력을 적극 지원해야 합니다. 등록금 인상 정도로는 현재 대학이 가야 할 마땅한 길을 걸어갈 수 없음을 우리 모두 깊이 인식해야 합니다. 약 20년 전부터 고려대학교 대학원 법학과에 "이슬람권사법이론" 교과목을 개설하여 강의한 일, 번역서 「이슬람법입문」(2021), 「물, 법과 관리의 원리」(2022) 등의 출간, "대학 지식자산의 활용과 사업화"를 테마로 총 네 가지 주제[헬스케어, K-Culture, 물(Blue Gold), 디지털 대전환]로 진행된 세미나는 모두 이번에 출간하는 '공감' 제4권과 맥락을 같이하는 것입니다.

'공감' 제4권은 "중동의 대학교육과 고등교육 협력방안"의 제목으로 중동지역 주요 8개국(사우디아라비아, 오만, UAE, 쿠웨이트, 튀르키예, 이스라엘, 이란, 카타르)을 대상으로 하고 있습니다. 이 책의 취지에 뜻을 같이하여 귀한 글을 내주신 분들께 깊은 감사를 드립니다. 파안연구총서는 파안연구기금으로 이루어지는 연구사업의 하나입니다. 파안연구기금은 파안(坡岸) 명위진(明渭珍) 회장님께서 2016년 5월 고려대학교 법학전문대학원에 지정 기탁한 기부금을 재원으로 조성되었습니다. 명위진 회장님께서는 어느 연설에서 "나이가 들면 들수록 역시 희망은 오직 사람에게서 찾을 수 있다는 생각이 더 간절합니다. 우리 세대가 대한민국을 가난의 굴레에서 벗어나도록 하기 위해 일했다면, 앞으로의 세대는 세계의 평화와 희망을 위해 일해야 한다고 생각합니다."라고 밝혔습니다. 고려대학교 법학전문대학원은 이 말씀을 마음

깊이 새기고자 합니다. 건전한 학문·교육 생태계 조성에 큰 힘이 되어 주신 명위진 회장님의 귀한 뜻에 감사와 존경의 마음을 드립니다.

　이 책이 중동지역 대학과의 협력·협업의 중요성을 공감하는 계기가 되고, 이를 통해 대한민국 대학의 특별한 발전, 더 나아가 대한민국 사회에 기여할 수 있기를 기대합니다.

2023년 1월
저자들을 대표하여
고려대학교 파안연구기금 기획운영위원장
명 순 구

8

차 례 ────────

UAE(아랍에미리트) _김재희

쿠웨이트 _김재희

튀르키예 _이양희

이스라엘 _성일광

이 란 _박현도

카타르 _박현도

중동지역과의 고등교육 협력을 위한 시각

명순구*

일반적으로 '중동지역'이라고 하면 22개 아랍국가와 이스라엘, 이란, 튀르키예를 포함한다. 중동지역은 세계 문명에 지대한 영향을 미쳤고, 현대에 들어 다소 정체 현상을 보이는 듯하지만 종교·문화적으로 지구촌 곳곳에 크게 영향력을 미치고 있다.

중동지역은 인류 문명사에서 매우 중요한 역할을 해 왔다. 기원전에 메소포타미아, 이집트 문명, 7세기에 이슬람 문명이 탄생한 곳이 이 지역이다. 또한 이 지역은 지정학적 특성으로 인하여 수많은 흥망성쇠가 일어난 곳이기도 하다. 특히 이곳은 유일신을 믿는 유대교, 기독교, 이슬람교의 발상지이다. 자원 면에서도 막대한 석유와 가스의 매장량으로 인해 세계 경제에 지대한 영향을 미치고 있다.

우리나라와 아랍·중동과의 관계는 매우 오랜 역사를 가지고 있다. 신라 향가 25수 중 하나인 처용가에 나오는 역신이 아랍인이었다고 주장하는 견해도 있다. 덕수 장씨 종친회는 자신들의 조상이 아랍인이라고 밝혔

---

* 고려대학교 법학전문대학원 교수.

다. 이슬람 지리학자였던 페르시아인 이븐 쿠르다드베는 신라에 거주하던
무슬림에 대하여 최초로 언급하였다. 일부 아랍 지리학자들은 우마위야조
(661~750) 시대에 박해를 받던 일부 알라위족이 한반도에 망명하였다고 주장
하기도 한다(알 마크라지, 알 누와리 등). 11세기 초에 '대식인'(大食人)으로 알려진
아랍상인들이 고려조정과 무역을 한 사료도 있다. 1024년, 1025년, 1040년
에 100명씩 무리를 지어 몰약이나 수은을 가지고 개경을 방문했다는 것이
다. 육상 실크로드를 통하더라도 아랍에서 약 6~7개월이면 한반도에 도착
하게 된다. 통일신라 시대에 이미 유리, 칼, 금속공예, 카펫, 무인석상 등의
흔적을 볼 수 있는 이유이다. 845년에 아랍인들이 신라에 직접 들어와 교역
을 하였다는 기록도 있으며, 조선시대에는 행사시에 축송용으로 무슬림들
이 꾸란을 낭송했다고 한다. 한국과 아랍의 교섭사에 관한 연구는 앞으로
더욱 풍성하게 규명될 것으로 본다.

우리나라는 월남전쟁(1964~1975)에 약 10년간 참전하였고, 이는 경제발전
의 중요 전환점이 되었다. 그러나 1973년 불어닥친 유가상승으로 인한 제
1차 석유파동은 우리 경제를 심각한 위기에 빠뜨렸다. 이 당시에 한 집에 한
등 켜기 등 강력한 에너지 절약정책이 시행되었다. 이 위기에 유능한 구원
투수처럼 나타난 것이 중동진출이었다. 1973년 삼환건설을 필두로 우리 기
업들이 중동진출을 시작하면서 기존 건설회사들과 신생 건설회사들이 오일
머니를 벌어들이기 위하여 앞다투어 달려갔다. 그 덕택에 중화학공업 육성
정책을 성공시킬 수 있었고, 통신·전자·조선업 등이 눈부시게 발전했다. 당
시 산유국의 지도자들은 밤낮없이 일하는 우리 근로자들을 보면서 "한국인
들은 밤에 잠을 안 자나 보아요?"(Kuriin Ma fi Naum fil Leil?)라고 말했다고 한다.

그러나 당시 우리 기업들은 외화획득에만 집중했지 문화와 교류의 지속
성에 대한 관심은 없었다. 이러한 현상은 그 후에도 큰 변화가 없었다. 그
결과 현재 OECD 38개 회원국들 가운데 우리나라는 이슬람을 가장 모르는
나라로 평가되고 있다. 2001년 9·11사태 때에 미국조차도 이슬람 전문가가
없어서 난처한 상황을 경험하다가 그 후 약 500개 대학에서 아랍어와 이슬

람 관련 교과목을 개설하였다. 이러한 추세의 영향으로 우리나라에서도 여러 대학들이 한때 아랍어와 이슬람 관련 교과목을 활발하게 개설했던 시기가 있었다. 그러나 현재에는 학교 재정난 등의 사유로 대부분 폐지되었다. 학교운영의 어려움이 오죽했으면 하는 생각도 있지만, 문명의 맥락을 이해하고 미래를 예측해야 할 대학의 사명과는 거리가 있다.

우리나라의 역대 정부들은 중동지역의 중요성을 말하면서도 성과는 말에 미치지 못했다. 정권 말기나 후반기에 중동국가를 방문하는 경우가 대부분이다. 외교의 중요도에 있어서 중동국가들은 후순위에 있다는 것이다. 중국은 이와 대조를 이룬다. 중국은 최고지도자인 새 주석이 취임을 하게 되면 중동, 아프리카를 우선적으로 방문한다. 그 이유는 무엇인가? 간단히 말하면 먹거리가 많다는 이야기이다. 중동지역은 전 세계 석유매장량의 약 50%(사우디아라비아 17.2%, 이란 9%, 이라크 8.4%, 쿠웨이트 5.9%, 아랍에미리트 5.6%, 리비아 2.8%, 카타르 1.5%, 알제리 0.7% 등)를 차지하고 있고, 오일 파워는 핵무기에 못지않다. 일각에서는 대체에너지가 곧 발명되어 석유가 무용지물처럼 될 것이라고 주장한다. 그런데 아무리 탈석유산업이 발전하여도 기본적인 석유 수요는 꾸준할 것으로 보인다. 그리고 2020년 월드오미터스 보고서에 따른 천연가스 매장량은 이란 17.3%, 카타르 12.5%, 사우디아라비아 4.2%, UAE 3.1%, 알제리 2.3%, 이라크 1.6%이다. 2020년 튀르키예도 3,200억㎥의 천연가스를 발견했다고 발표하였다. 이들 천연가스 덕에 우리나라는 대우조선해양, 현대글로비스, 현대삼호중공업, 현대중공업, 삼성중공업 등이 천연가스운반선(LNGC) 수주에 있어서 좋은 성과를 올리고 있다.

중동 국가들 중 산유국들은 그간 탈석유화를 기치로 산업 다각화를 모색하고 있다. 특히 제조업은 아주 미비하여 우리가 진출할 수 있는 매우 매력적인 시장이다. 중동지역은 농업 분야도 아직 전근대적인 방식을 고수하고 있어 스마트팜 등을 통하여 진출한다면 중동지역은 물론 유럽과 중앙아시아 지역까지 시장을 확장하는 효과를 볼 수 있을 것이다. 중국이 중동에 큰 비중을 두는 것은 정치·외교적 이유도 있겠지만 경제적 합리성이 보장되기 때문이다. 그리고 중동은 국가마다 다르지만 보통 30세 미만의 인구가 60~70% 이상을 차지하여 특별한 소비시장의 성격을 가진다.

이슬람권은 57개 국가가 이슬람교를 국교로 하거나 주 종교로 하는 나라들이다. 이들 국가는 1969년 OIC(이슬람 협력기구)를 창설하여 이슬람 세계의 집단적 목소리를 대변하고 있다. 이 기구는 세계에서 유엔(UN) 다음으로 큰 조직으로서 사우디아라비아 제다에 본부를 두고 있다. 앞으로 우리나라는 국익을 위해서도 OIC회원국들과 외교는 물론 경제적인 면에서도 협력을 도모할 필요가 있다. OIC 회원국들의 경제규모는 미국과 중국에 이어 세계 3위라는 사실에 유의할 필요가 있다.

중동·이슬람 지역과의 교류에 있어서 최소한 다음과 같은 점을 염두에 두고 정부, 학계, 기업들이 협력관계를 형성해 나가야 할 것으로 본다.

첫째, 우선 기본 관점의 문제이다. 중동 내지 이슬람에 대한 비합리적 편견에 얽매이지 말아야 한다. 문화상대주의를 기초로 한 포용적 시각과 상호 공동의 이익의 시각을 균형있게 유지할 필요가 있다. 우리나라 자신을 위해서도 중세 유럽 문명부흥의 중계자였던 이슬람 문명에 대하여 객관적이고 폭넓은 연구가 필요하다. 아직 이슬람문명에 소개해야 할 분야가 많지만 연구인력은 매우 부족한 것이 현실이다. 우리나라는 아직 이 분야에 무관심에 가까운 수준이라 해도 과언이 아니다. 세계의 유수 대학들은 모두 이 분야의 전공이나 연계전공을 개설하여 학문적 균형을 이루고자 노력하고 있다는 사실에 유의할 필요가 있다.

둘째, 최근 중동 내지 이슬람 지역이 경제·사회·문화적으로 급속한 변화를 거듭하고 있다는 사실에 주목할 필요가 있다. 의미 있는 협력을 위해서는 상대방의 수요를 파악하고 이를 기초로 협력관계를 형성하는 태도가 필요하다. 최근 중동·이슬람지역에서 개혁적 변화의 중심은 사우디아라비아와 UAE이다. 중요한 예로 최근 사우디 여성의 상황을 보자. 사우디 인구는 3,200만 정도인데, 그중 30~40%는 외국인이고 60~70% 정도가 자국인이다. 과거 자국인 절반에 해당하는 여성들은 전혀 경제활동에 참여하지 않았었다. 그러나 최근 약 30%에 해당하는 사우디 여성이 경제활동을 시작하게 되었고 운전을 하는 여성의 숫자도 기하급수적으로 늘고 있다. 정부에서는 이와 같은 여성의 사회 진출을 지원하기 위해 급여의 약 30% 정도를 정책지원금으로 지원하고 있다고 한다. 국영방송 등을 비롯한 방송국에 출연하는 대부분의 여성들은 서양식 옷차림을 하고 있다. 그뿐만이 아니다. 재판 시스템의 변화도 파격적이다. 코로나를 계기로 모든 법원이 온라인 재판 시스템을 도입하였고 온라인 재판 시스템을 통해 운영되는 사법제도는 우리가 생각하는 것보다 훨씬 더 긍정적인 변화를 주도하고 있다.

중동·이슬람 지역과의 협력을 추진함에 있어서 대학의 역할을 무게 있게 고려할 필요가 있다. 교류가 체계적으로 심화되기 위해서는 교류의 최전선에 서게 되는 기업의 앞과 뒤에 인문·사회과학을 포함하여 학문의 총체적 동행이 요구되는 것이다. 2021년 말 언론은 대한민국과 사우디아라비아 교육부 장관의 교육협력에 소식을 전하고 있다(뉴시스 2021. 11. 30. 기사).

유은혜 사회부총리 겸 교육부 장관이 30일 오후 5시 30분 사우디아라비아의 하마드 알 셰이크(Hamad M.H. Al Sheikh) 교육부장관과 비대면으로 정책 대담을 나눈다. 양국의 교육부 장관은 국가 간 고등교육 분야 협력 확대 방안과 교원 양성·연수 정책 공유 방안, 사우디아라비아 내 한국어 교육 활성화 방안 등을 논의할 예정이다. 유 부총리는 "2022년은 한국과 사우디아라비아 수교 60주년을 맞이하는 해로, 양국은 그간 경제·문화 등 다양한 분야에서 교류와 협력을 확대해 왔다"며 "오늘 대담은 교육 분야 협력에 대한 논의를 구체화한다는 점에서 그 의미가 크다"고 밝혔다.

위 기사는 교육분야에 있어서 한국과 사우디아라비아 사이에 협력 분야가 이미 매우 확대되었음을 잘 보여 주고 있다. 고등교육 차원의 협력이 그 어느 때보다도 중요함을 인식하고 이에 대한 준비를 면밀하게 추진해 나가야 한다. 이슬람은 일찍이 예언자 무함마드가 학문의 중요성을 인지하

고 "중국에 가서라도 학문을 추구하라", "학자의 피는 순교자의 피보다 값지
다", "지식추구는 모든 무슬림의 의무이다"라고 말했다. 이슬람에서는 전통
적으로 쿳탑이나 마드라사라는 교육기관을 통하여 종교교육은 물론 일상
생활과 관련된 교과목들을 가르쳐 왔다. 최근에 아랍 지역의 대학들은 급
변하는 시대의 흐름을 반영하고 있다. 이슬람의 종주국인 사우디아라비아
조차도 제도권 교육기관에서 이슬람 관련 교과목을 대폭 축소하고 그것도
종교학자가 아닌 일반교사가 가르치도록 시스템을 변경했다는 소식도 들
린다. 또한 아랍 국가들은 과학기술 교육을 위하여 ICT 관련 학과들을 활발
하게 설치하고 있다. 가령 이집트는 2억 5천만 달러를 투자하여 중동아프
리카 최초로 '이집트 정보과학대학(https://eui.edu.eg)'을 설립하고 2년 내에 완
전한 기능을 발휘하여 중동아프리카의 ICT 허브로 자리매김하겠다는 구상
을 실현하고 있다. 우리나라 대학들이 유의해야 할 현상이다.

2022년 QS가 선정한 아랍세계의 10대 대학을 열거하면서 글을 마친다.

King Abdulaziz University(사우디아라비아)

Qatar University(카타르)

King Fahd University of Petroleum and Minerals(사우디아라비아)

American University of Beirut(레바논)

United Arab Emirates University(UAE)

King Saud University(사우디아라비아)

Sultan Qaboos University(오만)

American University of Sharjah(UAE)

Khalifa University of Science and Technology(UAE)

University of Jordan(요르단)

사우디아라비아

김종도*

Ⅰ. 들어가는 말

　사우디아라비아(이하 사우디) 하면 상당히 이슬람적이고 보수적인 나라로 외국인이 살기에는 뭔가 답답한 느낌이 든다는 편견을 가지게 된다. 니깝(Niqqab), 아바야(Abaya), 히잡(Hijab)을 쓴 여성들을 보면 여성의 인권이 있는 나라인가 하는 의문이 들 정도이다. 그러나 최근의 사우디 정부의 정책을 보면 상상을 뛰어넘는 조치들이 시행되고 있어 세계화의 급물결을 사우디도 포용하고 있음을 실감할 수 있다. 그 누구보다도 사우디의 현 상황을 잘 알고 있는 젊은 지도자인 현 왕세자 무함마드 이븐 살만(1985~현재, Muhammad Bin Salman 약칭 MBS)은 2013년에 어느 언론사와 인터뷰에서 "사우디는 이란과의 이념논쟁으로 40여 년간 허송세월을 보냈다. 이제 개혁의 고삐를 잡고 달리겠다"라고 말한 적이 있다. 여기서 40년은 사우디가 1979년 이란의 호메이니(1902~1989)옹이 이슬람혁명을 성공시키자 종교를 통한 이란과의 체제

---

* 고려대학교 중동이슬람센터장, 전 한국중동학회장.

유지경쟁을 해 온 기간을 두고 한 말이다. MBS 왕세자는 이제는 더 이상 와하비즘(Wahhabism)에도 매달리지 않겠다고 폭탄선언을 하였다. 와하비즘은 이슬람교의 타락과 형식주의를 배척하고 순수 이슬람화하자는 운동으로 무함마드 이븐 압둘 와합(1703~1792)이 주장한 종교 사상이자 사우디 건국이념이다. MBS 왕세자는 2017년 10월 24일 리야드에서 개최된 네옴(NEOM) 신도시 건설을 위한 투자유치대회에서 와하비 이슬람을 적폐세력으로 규정하고 당장 파괴해야 한다고 주장하였으며 그 이후로 많은 개혁들이 일어났다. 예를 들면 그동안 금지하였던 여성들의 운전을 2018년 6월에 허용하였으며 2016년 가을학기부터는 여학생들에게도 체육수업을 허용하였다. 그리고 2021년 5월 이후 사우디 관광청이 관광객 유치를 위하여 한국을 비롯한 전 세계 15개국에 관광사무소를 설치하였다. 이를 통하여 GDP의 15%를 끌어올리자는 게 사우디 정부의 목표이다. 종교 중심적인 국가인 사우디도 먹고 사는 게 그 무엇보다도 절실하다는 이야기이다. 2017년 9월 23일에는 건국 후 처음으로 여성들이 경기장에 들어가 관람을 하였다. 2018년 4월에는 영화관이 폐쇄된 이후에 35년 만에 상업영화관이 재개관하였으며 동월에는 문화청 산하에 사우디영화위원회를 신설하였다. 이런 조치는 사우디가 앞으로 문화 및 엔터테인먼트산업을 확대하겠다는 의미로 받아들여진다. 현 사우디 왕실의 주요목표는 30살 미만이 인구의 70%를 차지하고 있는 사우디로서는 젊은이들과 호흡을 맞추는 것이 가장 급선무이다. 세계의 젊은이들은 SNS로 이젠 거의 동시간에 비슷한 문화를 맛보고 공유하고 있다. 이를 간파한 MBS 왕세자는 지난 2019년 6월 자신이 한국을 방문하고 난 후에 즉각 그해 10월 11일에 사우디의 수도인 리야드에 있는 킹파흐드 인터네셔날 스타디움에서 방탄소년단(BTS)을 불러들여서 공연을 하였다. 관객 중에는 여성이 70% 이상이었고, 이날은 그야말로 축제 분위기였다. 이러한 모든 것을 받아들인 사우디 정부는 다소 무리가 있더라도 왕좌의 게임에서 승리한 MBS 왕세자가 일자리창출과 경제가 최대의 관건임을 잘 알고 있기 때문에 이를 적극 추진한 것이다.또한 이런 정책들을 통하여

〈사진1〉 BTS의 사우디 공연(출처:https://www.theguardian.com/music/201 9/oct/12/k-pop-group-bts-criticised-for-saudi-arabia-concert)

왕권을 반석에 올려놓을 수 있기 때문이다. 물론 MBS 왕세자의 이런 보여주기식 활동에 의문을 품는 사람들도 다소 있지만 분명한 것은 그는 더 이상 과거의 사우디에 머물러 있지 않겠다는 의지가 확고하다는 점이다. 가장 과감한 조치는 2021년 11월에 그간 종교와 관련된 6개 교과목(코란, 타즈위드, 타우히드, 피끄흐, 하디스, 타프씨르)[1]을 하나로 통합하여 가르치겠다고 종교교과목을 대폭 축소하였다. 이 새 교과목도 종교지도자가 아닌 일반교사가 가르치도록 하겠다고 발표하였다. 경천동지할 사건이다. 그러나 냉정히 생각해 보면 과거에 얽매여 도태한다면 그건 오히려 정권유지에 걸림돌이 될지 모르기 때문이다. 그리고 사우디가 최근 새로 개발한 교육 커리큘럼에서 89개의 교과서에서 120,000군데를 수정을 한 것을 보면 대폭적으로 교과내용을 바꾼 것을 알 수 있다.

---

1 코란은 이슬람교의 경전, 타즈위드는 코란 낭송법을 가르치는 교과목, 타우히드는 유일신 사상을 가르치는 교과목, 피끄흐는 이슬람의 법리해석 교과목, 하디스는 예언자 무함마드의 언행록을 가르치는 교과목, 타프씨르는 코란해설을 가르치는 교과목을 지칭한다.

이런 이유로 2016년 사우디는 '사우디 비전 2030' 정책의 발표를 통하여 탈석유화를 부르짖으며 경제다각화의 노력을 하고 있다. 매킨지의 자문을 바탕으로 만들어진 '비전 2030'은 공공투자와 민영화 그리고 재정균형이다. 사우디는 일찍이 교육분야의 재정지출을 파격적으로 할당하기 시작하여 1991년에 정부예산의 14.7%, 1997년은 유가하락으로 12.3%, 1998년에 24.9%, 2003년 21.5%, 2008년에 19.8%, 2011년에 25%, 2015년에 25%, 2019년에 17.5%, 2022년은 전체 예산의 19.4%이다. OECD 회원국이 교육에 연간 평균 12.1%를 지출하고 있으며 중동국가들은 국가예산의 8~15% 가량을 편성하고 있어 교육예산에 사우디가 가장 많은 투자를 하고 있는 셈이다. 이와 같은 배경에는 언제 고갈될지 모르는 유한한 자원인 석유에 마냥 목을 매달 수는 없는 노릇이기에 탈석유화를 위하여 과감한 교육투자를 하는 것이다. 이런 연유로 고인이 된 압둘라 국왕(1924~2015)[2]은 2005년에 인재양성에 초점을 두고 젊은이들을 위한 교육혁명을 시작하였다. 그는 인적자원의 중요성을 인식하고 이들이 유학을 한 후에 국제적 수준에서 경쟁할 수 있도록 'KINGABDULLAH SCHOLARSHIP' 제도를 2005년 5월 25일에 칙령으로 발표하였다. 초기에는 미국중심으로 남·녀학생들을 보냈지만 그 후 다양한 국가에 다양한 분야로 그 범위를 확장하였다. 지식기반경제를 바탕으로 지식사회건설을 위한 뛰어난 젊은 세대를 키워 나가자는 것이 압둘라 국왕의 목표였다. 사우디 젊은이들은 해외의 23개국에서 전문학사, 학사, 석사, 박사 그리고 연수과정을 통하여 다음의 분야에서 공부하고 있다. 의학, 치과, 약학, 육아, 의료 과학: 방사선과, 의료 실험실, 의료 기술, 물리 치료, 토목, 건축, 전기, 기계, 산업, 화학, 환경 및 통신 공학, 중장비

---

2 그는 특히 여성권익의 확대에 힘써 왔는데 대표적인 것이 슈라의회의 의원수의 20%인 30명을 여성의 몫으로 한 것이다. 현 국왕인 살만(1935~현재)은 그의 정책을 자신의 아들이자 2017년에 왕세자로 책봉된 무함마드 빈 살만을 통하여 계승하도록 하고 있으며 MBS 왕세자는 과감한 개혁정치를 펼치고 있다. 살만 국왕이 자신의 아들에게 모든 것을 위임하여 모든 실권을 장악하였기에 왕세자의 별명이 '사우디의 MR. Everything'이라고 한다.

및 기계, 컴퓨터 공학, 컴퓨터 과학, 네트워크, 수학, 물리학, 화학, 생물학, 법률, 회계, 전자 상거래, 금융, 보험 및 마케팅 분야 등이다. 그러나 우리나라에서는 공학 분야와 의학 분야에서 그리고 일부 경영분야에서 공부하고 있는 정도이다. 가장 많이 학생들이 해외에 나간 숫자는 160,000명(가족 포함)에 가까웠으며 이 장학금으로 공부한 학생들이 돌아와서 이제 사우디의 다양한 분야에서 중추적 역할을 하고 있다. 여학생의 수는 보통 15~25%를 차지하고 있으며 이전에는 주로 인접 아랍국가인 이집트, 요르단, 레바논, 시리아 등에서 유학을 하였다. 지난 2023년 1월 18일 필자는 킹 사우드 대학교 교수인 사미 박사(전 주한 사우디 문화원장)를 만났는데 킹 사우드 대학교를 세계적 수준으로 끌어올리기 위하여 외국인 총장을 초빙할 계획이라고 한다. 필자가 지난 2023년 1월 중순에 3년 만에 다시 사우디를 방문하였다. 일주일간 돌아본 사우디는 격세지감을 느낄 정도로 변화하고 있었다. 일부 여성들이 커피숍에서 담배를 피우고 우버 택시기사로 활동을 하고 있으며 니깝을 벗은 여성들이 늘어나기 시작하였으며 외국남자들에게 말을 먼저 걸기도 하였다. 본 장에서는 사우디의 교육제도와 약사, 사우디 고등교육 현황, 고등교육분야의 협력방안 등을 다루게 될 것이다.

II. 사우디아라비아의 교육 약사와 제도

사우디아라비아의 교육목적은 이 나라의 통치기본법 제13조를 기반으로 하고 있다.

"교육의 목적은 젊은 세대에게 이슬람신앙을 심어주고 지식과 기술을 전수하며 사회에 유익한 구성원이 되도록 하고 조국을 사랑하며 조국의 역사를 자랑스럽게 여기도록 만드는 것이다."라고 되어 있다. 이슬람 신앙이란 이슬람의 가르침대로 순종하고 실천하는 행위이다.

그리고 현 살만 국왕의 교육에 대한 의지는 "사우디아라비아의 교육은 과학과 지식의 진보와 발전에 대한 우리 국민의 열망을 충족시키는 주요 기둥이다."라는 것을 통하여 알 수 있다.

먼저 사우디교육의 약사를 살펴보도록 하자. 사우디는 일찍이 이슬람이 7세기에 태동하면서 이슬람 교리의 가르침에 따라서 교육을 중시하였다. 무함마드의 언행록인 하디스(Hadith)에는 "지식을 추구하라 중국에 가서라도"라고 기록되어 있어 교육은 이슬람의 종주국인 사우디로서는 현대교육은 늦게 수용하였지만 이슬람을 통한 교육을 꾸준히 지속해 온 셈이다. 사우디 왕국이 건국되기 이전부터, 아니 이슬람 이전 그러니까 7세기 이전부터 아라비아반도에는 쿳탑(Kuttab, 우리나라의 서당에 해당)들이 성행하여 존재하였다. 이슬람이 태동한 후에 주로 이슬람 종교, 아랍어 문법, 페르시아 시, 기본산술, 서예, 언어원칙 등을 가르쳤으며 쿳탑의 교과내용은 종교교육, 지식습득, 신체단련 등으로 이루어져 있었다. 이와 같은 교과목의 교육은 사우디가 현대교육을 받아들이기 이전까지 쿳탑과 마드라사(Madrasa, 주로 종교교육이 중심)가 담당하였다. 사우디가 정식으로 현대적 의미의 학교교육을 시작한 것은 1915년에 히자즈 지역[3]에 78개의 초등학교를 세우면서부터였다. 1932년 사우디아라비아 왕국이 건국되면서 초·중·고등학교수는 1949년까지 약 2만여 개가 문을 열었으나 이때까지 고등교육기관은 전무하였다. 다만 코란을 중심으로 종교를 가르치는 학교는 이미 존재하였다. 사우디아라비아에서 처음으로 교육을 담당하는 교육위원회가 설립된 것은 1925년이다. 뒤이어 교육부가 새로운 조류의 흐름에 발맞추고자 1953년 12월에 발족하였으며 고 파흐드 이븐 압둘아지즈(Fahd Ibn Abdulaziz)왕이 초대 교육부 장관을 역임하였다. 그는 공교육기관을 확충하고 전례없는 교육시설의 현대화를 이루었다. 국가교육의 기본적인 철학은 사우디의 현대화에 초점이 맞추어졌다. 이 철학은 교육과 훈련을 통한 인적자원의 개발과 포괄적인 경제적 인프라의 구축을 기반으로 하였다. 인적자원의 개발은 그 어느 분야보

---

3 사우디아라비아의 서북부 지역을 말한다.

다도 최상위에 두었다. 사우디 정부는 1975년에 대학교육과 성인교육, 직업훈련교육을 담당할 고등교육부를 설립하였다. 교육부는 주로 취학전 교육, 초·중·고등학교 교육을 담당하였으며 고등교육부는 대학과 성인교육 그리고 직업교육을 담당하였다. 제3대 국왕인 파이살(Faisal, 1906~1975)[4]은 여성교육의 중요성을 인식하고 여성교육청을 설치하여 교사, 역사, 간호사, 의사 등을 배출하였으나 일반대학들이 많이 개교하면서 그 실효성이 문제되어 2003년에 다시 폐지되었다. 사우디에서 고등교육기관이 출현한 것은 1957년 11월 14일에 사우디의 수도인 리야드에 세워진 리야드대학교(1982년에 킹 사우드대학교로 개명)로 사우디 최초의 대학이었다. 이 당시에는 여자들은

〈사진2〉 킹 사우드 대학교의 정문에는 "지식은 믿음 없이는 할 수 없으며 이슬람은 항상 믿음과 지식이 병행되어야 하기 때문에 믿음은 지식을 무시할 수 없습니다"라고 쓰여져 있다

4　파이살은 외교장관을 1930~1960년까지 재임하였으며 노예제도를 폐지하고 여성교육을 도입하였다. 그는 1964년 사우드 국왕이 죽자, 뒤를 이어 왕정을 확고히 한 명군으로 평가받는다. 1973년에 제1차 오일쇼크를 주동한 인물이기도 하다.

대학교에 입학할 수 없었고 남자들에게만 입학이 허용되었다. 그러던 중 1979년에 킹 사우드대학교 내에 여자단과대학이 개교하였다. 2022년 2월 현재 킹사우드 대학교는 남학생들을 위한 22개 단과대학과 여자단과대학 들로 구성되어 있다.

사우디의 교육제도는 교육부와 평가위원회(EEC)에 의하여 규제를 받으며 EEC는 공교육이나 사교육의 질이 기준 조건을 충족하는지의 여부를 평가하고 있으며 교육부는 실제의 행정집행을 담당하고 있다. 취학 전 어린이의 유치원이나 보육원의 다니는 비율을 보면 21%밖에 되지 않아 이 분야가 선진국의 85%~100%에 비하여 아직 현저히 낮은 편이다. 사우디는 2030년까지 취학 전 어린이들의 취학률을 95%로 높일 계획이다. 현재 사우디의 유치원 수는 약 1,500개로 추정되고 있다. 사우디 여성들의 취업이 날로 늘어남에 따라 아직 미흡하지만 생후 1개월에서 3세 그룹을 위한 즉 보육원이나 어린이집도 늘어날 추세이다. 취업여성들을 위한 '꾸르라 프로그램 (The Qurrah Program)' 덕택으로 최근에 민간부문에서 일하고 있는 2,514명의 여성이 보육원과 탁아소를 통하여 혜택을 보았다. 꾸르라 프로그램은 '일하는 여성을 위한 아이돌봄 서비스'를 말하며 '사우디 인적자원발전기금(HRDF)'에 의해 운영되고 있다.

2019년 현재 사우디에는 38,150개의 학교가 있으며 2015년에 비하여 16.5%나 증가하였다. 이것은 선진국의 인구대비와 비교하여도 높은 비율의 학교를 가지고 있다. 이렇게 학교가 많은 것은 남녀가 분리하여 교육을 받기 때문이다. 38,150개 학교 가운데 공립학교가 80.3%를 차지하고 있으며 교육부가 정해 놓은 교육과정을 따르고 있다. 사립학교는 전체의 12.5%로 교육부가 승인한 교육과정을 이수하도록 하고 있다. 이러한 사립학교에는 사우디국적의 학생들과 아랍 국외자들이 주로 다니고 있다. 외국학교는 국제교육과정을 제공하는 학교들로 전체의 5.9%를 차지하고 있으며 미국, 영국, 독일, 프랑스, 인도, 파키스탄 등등 사우디에 진출을 많이 하고 있는 국가들이 자국민을 위하여 운영하고 있다. 학비를 지불하는 사립학교

나 외국학교들도 2015년 이후로 42.1%나 증가하였다. 학교도 또한 특정도
시에 편중현상을 보이고 있는데 이 도시들이 외국인들의 삶의 터전이기 때
문이다. 2019년 기준으로 리야드 지역에 전체학교 수의 22.8%, 메카지역에
19%에 위치하고 있다. 한편 외국학교는 리야드지역에 38.9%, 메카지역에
29.4%로 전체 외국학교의 68.3%를 차지하고 있다. 이곳 역시 외국인들의
직장이 많기 때문이다. 사우디도 사교육을 중시하고 양질의 교육을 제공하
는 도시집중화 현상이 나타나고 있다. 사우디의 총학생수는 4년 동안 4.2%
증가하여 618만여 명에 이르고 있으며 이 기간 동안에 공립은 5.8%, 사립
은 37%나 증가하였다. 2019년까지 지난 4년 동안 사우디의 3대 주요지역인
리야드, 메카, 동부지역은 외국학교 학생 수가 각각 34.2%, 19.4%, 92.4%의
증가를 보였다. 반면에 이 세 지역에서 사립학교 학생 수는 7.1%나 감소했
다. 이는 2017년 국외추방세 부과로 국외자들이 떠나고 사우디 학부모들이
외국교육을 선호하여 그 자리를 메꾸었기 때문이다.

　사우디의 학년도 매년 9월 초에 시작하여 이듬해 6월 말에 끝난다. 사우디
학제를 보면 우리와 같은 초·중·고등교육으로 12년으로 같지만 초등 6년,
중등 3~4년, 고등 3~4년으로 다소 차이가 있다.[5] 초·중·고등교육기관은 사
우디 학교와 외국학교가 있다. 외국학교는 워낙 외국인이 많이 살고 있어
다양한 외국학교가 존재하고 있다. 예를 들면 아메리칸 스쿨, 파키스탄 학
교, 튀르키예학교, 영국학교 등등이다. 사우디 학교에서는 아랍어로 교육
이 진행되지만 외국학교에서는 영어와 자국어 그리고 아랍어를 가르치고
있다. 우리나라도 리야드와 젯다(Jeddah)에 정규 한국인학교를 운영하고 있
다. 현재 사우디의 교육체제와 감독기관을 보자.

5　이하의 자료는 사우디 교육부의 자료를 인용한 것임을 밝힌다(https://moe.gov.sa/ar/pages/
　default.aspx, 검색일: 2022년 12월 2일).

〈표1〉 사우디의 교육체제와 감독기관

연령	3	4	5	6	7	8	9	10	11	12	13	14	15	16	17	18	18+
사우디	유치원 3,617개 83,000명			초등학교 13,680개 3,329,059명						중학교 8003개 1,535,879명			고등학교 4,131개 1,532,703명			고등교육	
담당기관	교육부									기술직업훈련원 우수대학(COE) 사우디기술표준(SSS)							
	교육평가위원회																

* 학생 수와 학교 수는 사우디정부 통계청의 2019년 수치임.

그럼 사우디의 교육제도를 보도록 하자. 사우디아라비아의 교육단계는 1. 취학 전 교육과정, 2. 초등학교 교육과정, 3. 중학교 교육과정, 4. 고등학교 교육과정, 5. 고등교육과정이다.

1. 취학 전 교육과정

이 과정에서 남녀 어린이들은 2년 동안 교육을 받게 되는데 4살에 유치원, 5살에 초등예비학교에 입학하게 된다.

2. 초등학교 교육과정

초등교육은 의무프로그램으로 전체적 교육발전 프로그램의 토대가 되고 있다. 아이들은 주로 여섯 살에 입학을 하게 되며 6년간 이 과정을 이수하게 된다. 학년도는 두 학기로 되어 있으며 매학기 15주 수업과 2주간의 시험으로 구성되어 있다. 1~4학년은 시험이 면제되나 선생님들에 의하여 정기적인 평가가 이루어지고 있다.

3. 중학교 교육과정

초등과정을 마친 후에 학생들은 12~14살 사이에 중등과정에서(미국의 7~9학년에 해당) 교육을 계속 받을 수 있도록 권장되고 있다. 이 과정에서 15주로 구성되는 두 학기와 2주간의 시험이 있다. 주당 33시간의 수업이 이루어지며 매 수업시간은 45분간 할당되어 있다. 영어는 필수과목으로 고등학교까지 의무이다. 시험을 완벽하게 통과하면 중등학교수료증이 주어지며 이는 고등학교 입학의 필수사항이다.

4. 고등학교 교육과정

사우디아라비아는 고등학교 교육과정을 두 가지 형태로 운영하고 있다. 우리나라와 마찬가지로 상급학교진학을 위한 정규고등학교교육과 졸업 후 현장에서 종사할 직업기술고등학교교육을 실시하고 있다.

(1) 정규고등학교교육

고등학교교육은 3년간 이루어지며 일반적으로 학생들의 나이는 15~17세가 이에 해당한다. 정규고등학교의 모든 학생은 첫 해에는 교양과목을 공부하게 되며 나머지 2년간은 다음 세 전공 중에 하나를 선택하게 된다. 즉 행정과 사회과학, 자연과학, 샤리아와 아랍어 등이다. 10학년에서 수학과 물리에서 최고점을 유지하는 학생은 자연과학프로그램에 입학하는 것이 권장되고 있다. 학년도는 2학기로 이루어지며 매 학기는 18주 수업과 2주간의 시험으로 이루어진다. 매 수업시간은 50분간이며 26~33주 사이의 주별 일정은 학년과 과목에 따라 다양하다. 고등학교졸업장을 받기 위해서는 필수학점을 이수해야 하며 최대점수의 50% 이상의 등급으로 개별 과목 시험에 합격해야 한다.

(2) 직업기술고등학교교육

이 과정은 중등학교졸업자를 위한 3년 과정이다. 국가발전정책이 사우디의 기술교육과 직업교육의 중요성에 두고 있기에 강력하게 추진하고 있다. 사우디 노동력의 기술과 직업의 숙련은 생산성을 증가하고 국제무역에서 우위를 차지하는 데 급속적인 기술발전과 더불어 결정적인 요소로 여기고 있다. 공업, 상업, 농업 그리고 기술훈련은 보다 고도로 숙련된 사우디 기술자를 양성하는 데 초점을 맞추고 있다. 현재는 타국인들이 기술부분을 많이 차지하고 있지만 가까운 시일 내에 자국인으로 대치하겠다는 포석이다. 직업기술고등학교 교육분야는 세 가지로 나누어져 있다. 즉 공업학교, 상업학교, 농업학교 등이다.

5. 고등교육과정

사우디에서 고등학교 이후의 고등교육제도는 어느 정도 미국과 유사하다. 이 교육제도의 양식과 절차는 이슬람 제도, 전통, 관습에 의거하여 채택된 것이다. 현재 고등교육기관으로는 전문대학, 대학, 대학원, 직업기술연수원, 군사학교, 성인교육원 등이 고등교육의 산실 역할을 하고 있다. 군사학교는 모두 7개가 있으며 항공학교도 2개나 개설되어 있다. 1975년 교육부의 개편으로 고등교육만을 전담할 고등교육부가 탄생하였으며 이 부서는 (1) 고등교육기관의 설립제안과 국가수요에 따른 특별프로그램 운영권한 부여, (2) 사우디 내의 대학설립과 운영, (3) 고등교육기관 간 그리고 정부 내 타 기관 간의 상호조정과 커뮤니케이션 수준제고, (4) 32개국에 산재한 해외 교육문화사무소(일명 사우디아라비아문화원)[6]를 통한 교육문화의 정부대표 업무 등을 관장하고 있다. 고등교육부는 2015년에 교육부로 통합되었다.

---

6   한국에도 2007년에 개설되어 한남동에 위치하고 있으며 국내 사우디 학생관리 및 사우디정부 초청유학생 업무를 담당하고 있다. 현재 제4대 원장으로 2022년 9월부터 킹사우드 대학교 교수출신인 Abdulaziz Aldayel 박사가 재직하고 있다.

고등교육위원회는 군사교육을 제외한 교육기관들의 조정과 감독의 특별임무를 가진 고등학교 이후의 교육에 관한 최고기관이다. 이 위원회는 정책에 따른 대학교육의 지도, 모든 분야에 있어서 대학교육 발전의 감독, 과학 관련 학과와 학위의 대학 간의 조정, 연구장려, 모든 고등교육기관이 준수할 규칙과 내규의 공식화할 책임을 진다. 사우디의 고등교육은 지난 60년 동안 괄목할 만한 성장을 거두었으며 다양성에 기반을 둔 고등교육제도로 (1) 전문대학, (2) 대학, (3) 기술학교 등이 많이 개설되었으며 대학들은 다양한 분야에서 석사와 박사학위를 수여하고 있다. 고등교육의 학과설치는 국가발전전략과 맞물려 운영되고 있는데, 예를 들면 컴퓨터 정보대, 공대, 의대, 약대, 치대, 이과대 등이다. 또한 사우디는 1960년에 일찍이 맹인들을 위한 맹아학교를 설립하였고 1964년에는 농아학교가 설립되었으며 이런 학교가 현재는 5개나 있다. 또한 지적장애인을 위한 학교도 1971년에 문을 열었으며 현재 맹아학교가 10개, 농아학교가 28개, 지적장애인 학교가 16개로 장애복지국가로 우뚝 자리매김을 하고 있다. 이 외에도 사우디는 성인들을 위한 각종 교육프로그램을 실시하고 있는데 20년에 걸친 사업으로 문맹률을 1%로 낮추기 위하여 국가발전정책의 일환으로 야심차게 추진하고 있다. 사우디는 세계화와 국제화에 즈음하여 해마다 세계 유수대학초청 교육박람회를 개최하여 중동국가 내의 글로벌 교육의 선두를 달리고 있다. 2022년은 한국과 사우디아라비아가 수교 60주년이 되는 해로 경제를 비롯한 모든 분야에 있어서 협력은 물론, 특히 교육분야에 있어서 교류도 더 강화되어 진정한 21세기의 파트너로 거듭날 것으로 기대된다. 앞으로 사우디아라비아는 석유고갈에 대비하여 인재양성에 주력하기 위하여 교육분야에 지금보다 더 많은 투자를 아끼지 않을 것이며 가까운 미래에 석유자원이 아닌 지식산업을 무기로 한 인재양성의 국가로 탈바꿈하리라고 본다.

III. 고등교육 현황

일부 국내연구자들은 사우디의 고등교육이 사우디학생에게만 학비 전액 면제라고 주장하지만 전혀 그렇지 않다. 외국학생들도 공립대학은 등록금은 완전 무료, 사우디 자국인학생과 동등하게 매월 840리얄을 받으며 매년 자국을 오갈 수 있는 왕복 항공표를 제공받는다. 그러나 사립대학교는 자비로 다녀야 하며 뉴밀레니엄시대를 맞으면서 단과대학 형태의 사립대학교는 계속 늘어나는 추세이다. 고 압둘라 국왕은 2005년 KASP(King Abdullah Scholarship Program)를 도입하여 사우디 국민에게 등록금, 월 생활비 및 의료보험과 같은 기타 생활비를 지원하는 한편 가족이 있으면 함께 해외 생활을 할 수 있도록 하였다. 정부 수입과 지출에 중대한 영향을 미친 이 유학제도는 2014년 이후의 유가 하락으로 인하여 사우디 정부는 이 프로그램에 대해 보다 엄격한 자격 기준을 적용하기 시작했으며 그 결과 이 프로그램에 등록한 총 학생 수는 2014년 140,033명에서 2018년 99,245명으로 감소하기도 했다.[7] 고 압둘라 국왕은 'Look East' 정책을 펼치면서 자국의 젊은이들이 선진제국의 문물을 배우고 익혀 국가발전의 초석이 되도록 하기 위하여 이 제도를 만들어 사우디 학생이 장학생으로 선발되면 해외에 나가 평균 월 1,745불을 받으며 가족이 있으면 추가수당을 받도록 하였다. 이 스칼러십 일환으로 2007년 3월 한국과 사우디가 고등교육 교류 양해각서를 체결한 이후 사우디 측이 유학생 파견과 의대졸업생의 인턴을 한 것 외에는 고등교육분야의 활성화가 매우 미미한 상황이다.

필자가 연세대 사우디 학생 학사 지도교수를 하면서 느낀 점은 한국명문대학들이 사우디학생들 관리와 유치에 별로 관심을 보이지 않아 현재 미미한 숫자만 공부하고 있는 실정이다. 사실 그동안 사우디학생들의 학사관리

---

7 2019년도에는 아랍국가에 11,367명, 미국 21,900명, 캐나다에 4,980명, 호주에 9,857명, 아시아에 6,532명,영국에 20,375명, 기타 유럽에 6,631명으로 전체 81,642명이었다. (https://www.stats.gov.sa/en/1010-0. 검색일:2022년 12월 2일)

를 잘 했더라면 더 많은 학생들을 유치할 수 있었다. 예를 들면 뉴질랜드의
경우는 사우디 학생이 뉴질랜드에 도착하여 아랍어로 된 안내책자만 보면
처음부터 끝까지 아무런 불편을 느끼지 않도록 되어 있다. 사우디 측은 한
국에 2007년 4월에 55명의 학생을 파견하기 시작하여 한때는 580명을 넘어
서기도 하였지만 그 후 유가하락과 국내대학들의 관리부실, 코로나 팬데믹
등으로 2021년 4월 1일 현재 국내에는 사우디학생 123명이 공부를 하고 있
다. 2003년에서 2007년까지의 사우디 유학생 수를 보면 다음과 같다. 이 당
시의 전공별 통계자료가 없어서 전체 수만 제시하기로 한다. 이 통계는 우
리나라 교육부 자료를 인용한 것으로 매년 4월 1일을 기점으로 조사한 것
임을 밝혀 둔다.

〈사진3〉 사우디국영기업인 SABIC, 우리나라에도 지사가 있다

〈표2〉 2003~2007 국내 사우디 유학생 수

연도	2003	2004	2005	2006	2007	합계
학생수	17	25	18	11	49	120명

〈표3〉 2008~2021년 국내 사우디유학생 현황

연도	학사 및 전문대학							석사						박사						기타연수	합계
	어학연수	인문사회	공학	자연과학	예체능	의학	계	인문사회	공학	자연과학	예체능	의학	계	인문사회	공학	자연과학	예체능	의학	계	기타연수	합계
08	52	5	11				16		1				1						0	0	69
09	12	27					27			2			2						0	2	43
10	26	13	32				45	3	1				4	1	2				3	0	78
11																					153
12																					224
13	286	30	88	4			122	20	10				30	1	3	1			5	1	444
14	337	33	129	4	5	7	178	28	19	1			48	6	6				12	0	575
15	203	45	230	14	13		302	32	13	8			53	5	9		2		16	7	581
16	79	40	279	16	13	2	350	25	16	16		1	58	5	8	1	2		16	5	508
17	39	33	220	15	3	4	275	26	18	12		2	58	10	7	1			18	11	401
18	20	28	136	12	2		186	24	15	4		2	45	8	9				18	4	273
19	19	16	99	8	2	7	132	21	6			5	34	6	6	3			15	3	203
20	10	15	56	4	1	7	83	22	13	2	1	4	42	9	2	3			14		149
21	10	12	31	2		4	49	26	13	2	1	7	49	8	3	1		2	14	1	123

* 2011~2012년은 자료가 공개되지 않고 있음.

　사우디는 대부분의 아랍국가와 마찬가지로 2015년 이전에는 교육을 담당하는 부처가 이원화되어 있었다. 사우디에도 유치원에서 고등학교까지 교육을 책임지는 교육부와 성인 및 고등교육을 책임지는 고등교육부가 있었으나 2015년에 교육부로 통합되었다. 사우디 교육부 사이트에는 사우디의 고등교육기관이 크게 4년제와 2년제 대학으로 나누어져 있다. 1950년대에 1개였던 대학이 2021년 4년제가 45개 대학, 2년제가 22개 대학이 개설되어 있다.[8] 이 가운데 국립 4년제가 29개를 차지하고 있다. 2018년 현재 공립대학에 재학 중인 학생은 전체의 85.5%, 사립대학에 재학 중인 학생은 4.8%, 직업학교에 9.6%가 재학 중이다.

사우디에는 총 67개의 대학이 있으며 이 중에 70.0%가 공립 대학이다. 리야드, 제다, 부라이다 및 메디나의 대학 및 종합대학은 총 대학 수의 각각 28.3%, 18.3%, 13.3% 및 11.7%를 차지하고 있다. 2018년까지 5년 동안 고등교육을 받는 총 학생 수는 8.3% 증가했으며 현재 162만 명에 달하고 있다. 고등교육 총 학생 수는 168만 명이었던 2017년을 정점으로 3.6% 감소했으며, 2018년 기준 공립대 재학 비율은 85.5%로 사립대 재학 4.8%, 기술·직업을 선택한 학생 9.6%와 비교된다. 공립 대학에서 경영학을 전공으로 선택하는 비율은 2018년까지 4년 동안 61% 증가했으며 이 전공은 전체 학생 등록의 30.1%를 차지했다. 2014년에는 불과 19.8%였다. 예술과 인문학은 2018년에 등록한 전체 학생의 24.7%가 이 전공을 수강하여 두 번째로 가장 많이 등록된 전공으로 선정되었다. 이는 2014년에서 2018년 사이에 이 전공에 등록한 총 학생 수가 12.7% 감소했음에도 늘어난 것이다. 자연과학, 수학, 통계학 전공은 2018년 기준 총 재학생이 55.9% 증가한 12만 6123명으로 전체 재학생의 9.1%를 차지했다.

사립대에서는 2018년 기준으로 보건복지 전공이 재학생의 35.4%로 가장 많은 비중을 차지했다. 이것은 사우디 정부가 매년 사회복지예산의 15~20%를 투자하여 인기있는 전공으로 부각되었기 때문이다. 그 뒤를 이어서 경영학, 경영학, 법학 전공자가 31.9%로 사립대 재학생의 31.9%를 차지했다. 서비스 및 예술 및 인문학 전공은 2018년까지 4년 동안 각각 150.5% 및 82.6%의 가장 빠른 성장률을 기록했지만 전자는 매우 취약한 환경임에도 인기있는 전공으로 떠올랐다. 같은 기간에 상대적으로 교육,

---

8 본고에서는 사우디 대학교의 숫자는 정부통계도 각기 달라서 사우디 정부의 교육부 사이트에 올라 있는 대학만 참고하기로 한다.

사회과학, 저널리즘, 미디어, 정보통신기술 전공은 등록률이 각각 83.9%, 61.4%, 11.6% 감소한 유일한 3개 전공이었다. 여기서 세계적으로 인기있는 ICT분야가 감소한 것은 아이러니하다. 그리고 사우디는 그간 기술부문에 대부분 비사우디인을 채용하여 지탱해 왔다. 이런 방식은 장기적으로 자국의 기술인력 양성에 아무런 도움이 되지 않자, 이러한 구조적 문제점을 해결하고자 1980년에 기술직업훈련공사(TVTC)를 설치하였으나 별 활동이 없었다. 그러나 꾸준히 인건비가 상승하고 자국인의 실업률이 높아지자 적극적으로 젊은이들에게 직업기술훈련프로그램을 진행하고 있다. 이 공단은 한국의 한국직업능력개발원(KRIVET)과도 MOU를 체결하였으나 아직 별 진전이 없는 상황이다. 이 공단은 이사장과 4명의 부이사장이 사우디비전 2030에 발맞추어 12개 주에 총 260개의 훈련원을 개설하여 운영하고 있다. 이 공단에는 기술대학, 제휴훈련원, 재소 소년훈련원 등 다양한 형태가 있으며 여자들만을 위한 산하에는 여자기술대학이 29개 있으며 리야드에도 50개의 훈련원이 있다. 이것은 사우디 정부의 니타까트(Saudization) 즉 자국인 채용제도와 맞물려 있어 사우디에 진출한 외국기업은 업종에 따라 일정 비율의 현지인을 채용하여야 한다.

〈사진4〉 사우디아라비아의 '기술직업훈련공사'

　　그럼 주요 사우디 공사립대학의 현황을 이과중심의 대학들이 있는 대학
들을 살펴보기로 하자. 아래 표를 보면 많은 대학들이 공대, 컴퓨터대, 이과
대, 의대, 약대, 치대 등을 개설하고 있는데 , 이것은 사우디의 국가예산이
교육과 과학분야에 많은 투자가 이루어지고 있고 이것은 국가발전전략에
영향을 받은 것으로 보인다.

〈표4〉 주요 대학 현황

번호	대학명	주요단과대학	설립년도	'2022'QS 세계 대학순위
1	King Saud University	공대, 이과대, 식량농업대, 컴퓨터정보대, 건축계획대, 응급의료서비스대, 의대, 약대, 치대, 응용의료과학대, 간호대	1957	277
2	King Abdulaziz University	이과대, 공대, 약대, 의대, 응용과학대, 해양대, 치대, 의료재료대, 간호대	1967	109
3	King Fahd University of Petroleum and Minerals	기술물리대, 컴퓨터수학대, 석유공학대, 화학재료대학, 경영대, 디자인건축대	1963	163
4	King Faisal University	수의학, 약대, 치대, 컴퓨터 및 정보, 응용의학대, 농식품대	1974	801~1000
5	King Khalid University	이과대, 의대, 공대	1998	501~600
6	King Saud bin Abdulaziz University for Health Sciences	간호대, 약대, 치대, 응용의학대, 보건전문대, 과학대	2005	801~1000
7	Princess Nourah Bint Abdul Rahman University	이과대, 컴퓨터&정보대, 공대, 보건과학대, 응용과학대	2004	751~800
8	Saudi Electronic University	행정재무학대, 컴퓨터정보대, 보건대, 과학이론연구대	2011	3377
9	University of Ha'il	응용의학대, 컴퓨터공학대, 치대, 공대, 약대, 간호대, 보건대, 이과대, 의료재활과학대	2005	4449
10	Taibah University	의료재활과학대, 컴퓨터공학대, 약대, 의대, 공대, 치대, 이과대, 간호대	2003	1979
11	Imam Abdulrahman Bin Faisal University	약대 & 농대	1975	521~530
12	King Abdullah University of Science and Technology	바이오환경공학, 컴퓨터 전기 및 수리과 및 공학, 물리학 및 공학	2009	8
13	Umm Al-Qura University	응용과학대, 의대, 약대, 응용의학대, 보건대, 간호대, 컴퓨터정보대	1950	1586

14	University of Jeddah	응용의료과학대, 이과대, 공대, 의대, 스포츠과학대	2014	아랍대학중 81~90
15	Prince Sattam bin Abdulaziz University	컴퓨터과학대, 이과, 약대, 의대, 치대, 응용과학대, 응용의료과학대	2009	447
16	Islamic University of Madinah	공대, 컴퓨터대, 이과대	1961	801~1000
17	Fahad Bin Sultan University	공대, 컴퓨터대	2003	9250
18	Prince Sultan University	공대, 컴퓨터정보대, 건축계획대	1999	아랍대학중 61~70
19	Al Faisal University	의대, 약대, 공대	2002	
20	Prince Mohammad Bin Fahd University	공대,컴퓨터공학과학대,건축디자인대	2006	아랍대학중 10
21	Imam Mohammad Ibn Saud Islamic University	의대,응용과학대,공대, 컴퓨터정보대	1954	1001~1200

* 위 대학들은 규모가 크고 이공계통이 상대적으로 많이 개설된 대학들이다. 공립대학들은 대부분 규모가 크고 오래되었지만 대부분 사립대학들은 2000년 이후에 설립되었으며 규모가 작고 실용성 있는 단과대학들이다.

〈사진5〉 킹 압둘라 과학기술대학교

IV. 고등교육분야의 협력방안

한 국가의 교육은 백년지대계로 요즘같이 급변하는 사회에서 공자왈 맹

자왈은 시대착오적인 발상이다. 그렇다고 문사철을 도외시하자는 것은 아니다. 사우디도 기본적으로는 이슬람적 철학을 기저에 깔고 현대사회의 변혁에 적극적으로 참가하여 국가의 발전을 모색하고 있다. 이 절에서는 그간 한국과의 협력분야가 무엇이 있었는지 살펴보고 고등교육기관 간의 협력에 무엇이 필요한지 고찰해 보기로 한다.

1. 기존협력

한국과 사우디는 정부 간 협정으로 1974년 한-사우디경제기술교류협정과 문화협정을 시작으로, 1997년에 교육교류협정을 맺었으며 2012년에는 보건의료분야시행계획서에 서명을 하였다. 2022년 1월에는 우리나라 특허청과 사우디 지식재산청이 양국 정상 참석하에 (1) 지식재산 전략수립, (2) 지식재산 정보화시스템, (3) 심사관 역량강화, (4) 지식재산 민원상담센터 운영 등 4대 분야 협력계약을 체결하였다.

대학 간의 협력분야는 아직 알려진 것이 별로 없으나 2013년에 카이스트(KAIST)와 사우디 아람코(ARAMCO)가 대전에 '사우디 아람코 카이스트 이산화탄소 공동연구센터'를 열었다. 2019년에는 고려사이버대학교가 사우디 국립원격대학인 사우디일렉트로닉대학교에 스마트 캠퍼스 운영 및 온라인 콘텐츠 제작 노하우를 전수하였다. 2014년에는 한국보건산업진흥원이 한-UAE, 사우디 간의 환자송출, 의료진연수, 병원서비스, 제약 산업 분야를 포함한 대규모 보건의료 업무협약을 체결하였다. 의료서비스를 제공하는 병원은 삼성서울병원, 서울대학교병원, 서울성모병원, 서울아산병원, 연대세브란스병원, 강남차병원, 보바스기념병원, 우리들병원, 이대목동병원, 대전선병원, 분당서울대병원, 고려대학교병원, JK 성형외과, 경희대치과병원, 서울대치과병원 등이다. 현재 코로나로 국내로 들어오는 중동권 환자가 급격히 줄어들어 관련 중소형 병원들은 타격을 입고 있다. 2015년에 연세대 세브란스병원이 사우디에 여성암센터를 건립, 운영계약을 체결하였다. 한국은 사우디가 4번째로 사우디 의사 유료연수프로그램을 체결한 국가이다. 2017년에 분당서울대병원·SK텔레콤·이지케어텍 컨소시엄은 주베일병원과 500만 달러(약 56억 7000만 원) 규모의 병원정보시스템 구축 프로젝트를 수주하였다. 지난 1월 7일에는 국제 방위산업 전문매체인 '택티컬 리포트'는 보고서를 통하여 한화그룹과 사우디 국영방산업체(SAMI)가 합작투자 설립 MOU를 체결했다고 발표했다. 사우디는 한화로부터 최첨단 방공시스템인 한화디펜스 비호-방공시스템을 도입할 의향을 가지고 있기 때문이다. 현 사우디정부의 방침을 보면 2017년 SAMI를 출범시키면서 2030년까지 국방비지출의 50%를 국산장비 구입에 사용한다는 방침이다.

산업통상자원부는 2022년 1월 문재인 대통령 사우디방문시(2022.1.18~19)에 제조인프라 디지털 보건의료분야 MOU 5건, 수소 에너지분야 협력 MOU 9건을 체결하였다. 수소분야는 우리나라가 세계최초로 수소법[9]을 제정하였으며 사우디는 원유수출국에서 세계최대 수소수출국을 목표로 2030년까지 400만 톤의 수소를 생산할 계획이다. 앞으로 사우디는 수소경제 전환을 통한 다각화를 계획하고 있다. 사우디 국방보건부 산하 병원은 디지털 뉴딜 핵심 성과인 AI 정밀의료 소프트웨어 '닥터앤서' 수출 구매의향서를 체결함으로써 바이오·디지털 분야의 협력 성과도 창출했다. 또 스마트 인프라 분야에는 총사업비 5000억 달러를 투입, 서울 면적 44배의 부지에 친환경스마트도시 '네옴'을 건설하는 네옴 프로젝트를 비롯, 홍해개발, 키디야 사업(리야드 인근) 등 메가 프로젝트들이 추진되고 있어 우리 기업들로부터 지대한 관심을 끌고 있다. 이날 한국과 사우디 정부와 기업 간에는 '수소·에너지 분야'와 '제조·인프라 건설·디지털·보건의료 분야' 등에서 총 13건의 협력 양해각서(MOU)를 체결했다. 이 중에는 두산중공업과 사우디 측 산업투자공사 및 아람코 간 9억4000만 달러 규모 선박기자재 등 주조 및 단조

---

9 수소관련 법령은 「수소경제 육성 및 수소 안전관리에 관한 법률」(2021.2.5. 시행)이 모법이며 동법 시행령(2021.2.5. 시행), 그리고 동법 시행규칙(2021.2.5. 시행)이 있다. 우리나라가 세계 최초로 수소관련법을 제정하였다.

합작법인 설립계약과 한전-아람코 간의 수소·암모니아협력 등도 포함됐다. 이 모든 MOU가 얼마나 성사될지는 모르지만 MBS 왕세자의 의지가 한국과의 협력을 원하고 있기에 상당한 가시적 성과가 나오리라고 확신한다. 이어서 2022년 11월 17일에 MBS 왕세자가 우리나라를 두 번째로 방문하여 26건의 MOU를 체결하였다. 본래 8조 5천억 달러로 예상되었던 계약이 무려 40조달러에 이르는 대규모 계약이 민간기업, 공기업과 기업, S-oil과 3개 국내건설회사 간에 체결되었다. 이날 MOU가 체결된 주요 내용을 보면 네옴철도, 화학, 제약, 게임, 스마트시티솔루션, 합성유공장설립, 그린수소개발, 모듈러사업, 그린수소암모니아, 재활용플랜트설립, 열병합프로젝트, 상용차생산협력 등이다.

〈표5〉 '사우디아라비아 비전 2030' 주요프로젝트

프로젝트명	위치	면적(㎢)	발표일	예상완료일	비용($)
New Taif	Taif	1,250	2017.3.1.	2020년	30억
Diriyah Gate	Diriyah	1.5	2017.7.20.	2030년	XXX
Al-Qiddiya	Al-Qiddiyah	334	2017.4.8.	2022년	27억
Al-Faisaliah	West of Mecca	2,450	2017.6.26.	2020년 말(1단계)	XXX
Downtown Jeddah	Jeddah	5.2	2017.9.27.	2022년 말(1단계)	48억
NEOM	Tabuk	26,500	2017.10.24.	2025년 말(1단계)	5000억
Renewable Energy	Multiple Location	XXXX	2018.3.27.	2030년	2000억
Amaala	Along Red Sea	3,800	2018.9.26.	2020년 말(1단계)	XXX
King Salman Energy	Between Damman & Ahsa	50	2018.12.5.	2021년 말(1단계)	16억
Al-'Ula Vision	Al-'Ula	22,500	2019.3.19.	2030년	XXX
King Salman Park… etc	Riyadh	〉149	Mid-2018	XXX	230억
Great Mosque of Mecca	Mecca	250,000	2017	2018년 중반	213억
Mall of Saudi	Riyadh	8,666,000	2017	2022년	32억
Red Sea Development	Tabuk	28,000	2018	2022년 말(1단계)	32억~37억

위 프로젝트 가운데 가장 관심사는 네옴(NEOM)[10]시티 프로젝트이며 그 규모도 5000억 달러(약 6,500조 원)에 달한다. 그 면적도 서울시의 44배에 달하는 대형 프로젝트이며 2019년 6월 MBS왕세자가 우리나라를 방문 시에 대기업들에게 참여를 부탁할 정도로 사우디발전의 초석이 되는 사업이다. 현재 삼성, 대림, 한화, 현대, 한미글로벌 등이 참여하고 있다.

2. 협력방안

2021년 11월 30일에 유은혜 교육부총리와 사우디아라비아 하마드 알 쉐이크 교육부장관은 화상회의를 통하여 양국 간의 교육협력 확대방안을 논의되었다. 이 자리에서 두 장관은 양국 간의 고등교육 분야 협력 확대 방안, 교원 양성 및 연수 관련 정책 공유, 사우디 내 한국어교육 활성화 방안 등을 논의하였다. 고등교육의 협력방안은 무엇보다도 인문사회분야보다는 가시적 결과가 나타나는 공학, 이공, 의학 분야가 유리하다. 사우디와의 고등교육협력 방안은 사우디의 '비전 2030'전략을 먼저 이해하면 무엇을 협력해야 할 것인지 아이디어가 떠오를 것이다. 그리고 지금까지 추진된 사업을 보면 더욱 협력분야는 명확해질 것이다. 그럼 '사우디아라비아 비전 2030'의 3대 영역과 주요목표를 간략히 표로 보도록 하자. 그리고 다음 표에서 이에 따른 주요 프로젝트를 보면 다음과 같다.

〈표6〉 '사우디아라비아 비전 2030' 주요목표

3대영역	주요목표
활기찬 사회	이슬람 및 국가 정체성 강화 만족스럽고 건강한 삶 제공 세계 100대 도시 중 3개 진입 주 1회 운동하는 국민 13% →40% 평균수명 74세 → 80세

---

10 네옴(NEOM)은 라틴어 'neo, 새로운'이란 의미에 m은 아랍어 미래를 나타내는 'mustaqbal'의 이니셜인 M을 결합시킨 합성어이다. 즉 '새 미래'란 의미이다.

번영하는 경제	경제성장 및 다각화, 고용증가 실업률 11.6% → 7.0% 여성의 취업 22% → 30% 세계경제순위 19위 → 15위 민간부문 GDP 40% → 60% 국제경쟁력지수 25위 → 10위 물류성과지수 49위 → 25위
야심찬 국가	정부의 효율성 지수 80위 → 20위 전자정부순위 36위 → 5위 가계저축률 6% → 10% 사회적 책임 활성화 11,000명 → 100만 명

(1) 의료 및 헬스케어분야

보건·복지분야는 사우디 정부가 시급히 해결해야 할 정책으로 보고 집중적으로 예산을 배분하고 있으며 매년 평균 15% 이상을 배정하고 있다. 2020년도의 예산의 17.1%, 2021년에는 17.5%, 2022년에는 14.4%를 배정하고 있다. 이 분야가 미비하여 사우디의 각 대학들은 의대, 약대, 치대, 간호대, 보건대의 전공을 꾸준히 개설하고 있다. 사우디 보건부는 NPT2020을 활용하여 모두 7가지 분야에서 헬스케어분야를 육성하고 있다. 즉 보건의료 예산 중 민간분야 투자비 증액, 의료시설 2배 이상 확충, 사우디 종합병원의 국제 인증 추진, 전체 환자 중 흡연 및 비만 관련 환자 줄이기, 질병 예방 및 재활치료 서비스 높이기, 디지털 의료산업개발 추진, 환자정보 전산화 추진 등이다. 사우디의 헬스케어분야의 성장률은 무려 12.3%에 달하여 이 분야도 적극적 진출이 필요하다. 우리나라 의대와 약대, 치대와의 협력관계, 원격진료 그리고 병원경영진출은 사우디의 필요에 알맞은 진출분야이다.

(2) ICT분야

사우디가 네옴 프로젝트를 통하여 스마트시티를 건설할 계획을 세우고 사업을 진행하고 있다. '길 위에 단 한 대의 자동차나 도로가 없이 탄소배출을 제로로 만드는 도시를 건설하겠다'. 이것은 MBS 왕세자가 한 말이다. 비

전 2030의 일환으로 친환경주거, 관광, 비즈니스 특구로 만들겠다는 야심
찬 프로젝트이다. 이 도시 건설에 소요되는 비용은 무려 5,000억 달러이다.
이 도시건설에는 더라인(The Line)으로 지하에 170km에 하이퍼루프(초고속 진
공튜브 캡슐열차)와 자율주행차 터널을 건설한다는 것이다. 삼성물산과 현대건
설은 컨소시엄을 구성해 네옴시티 지하에 고속철도 터널을 뚫는 '더 라인'
공사를 수주한 상태이다. 사우디의 공사립 대학들이 컴퓨터 대학, 정보대
학들을 잇달아 설치하는 것은 우리대학들이 협력하기 좋은 분야라고 본다.
제4차 산업과 관련된 분야(사물 인터넷, 빅데이터, 인공지능, 로봇, 무인운송, 나노, 블록체
인 등)는 우리나라가 사우디의 유수대학이나 정부연구기관들과의 협력을 통
하여 선점할 수 있는 분야이나 아직 사우디 대학들은 이에 대한 준비가 미
비한 실정이다.

(3) 관광분야

필자는 15년 전부터 매년 사우디 예산을 살펴본 결과, 사우디 정부가 관
광종사자 양성에 꾸준한 투자를 하는 것을 볼 수 있었다. 이러한 전략은 장
기적으로 탈석유화를 위한 수순으로 언젠가는 관광입국을 하겠다는 의도
로 분석된다. 현재 관광산업이 국내총생산(GDP)의 3%이나 2030년까지 10%
로 늘릴 계획이다. '비전 2030'에 의하면 연간 순례객 수를 2030년까지 800
만 명에서 3000만 명까지 늘리겠다는 목표를 세우고 있다. 일반관광객까지
합쳐 연간 1억 명 유치를 목표로 삼고 있다. 관광산업과 관련된 부수적인
사업 예를 들면 운송업(항공, 해양, 철도, 천연버스사업 등), 레스토랑 체인점, 호텔
업, 관광기획업 등을 선점한다면 이 분야도 진출가능한 분야라고 본다. 특
히 네옴시티 사업은 380,000개의 일자리 창출, 100% 신재생에너지로 운영
되는 도시, 홍해를 통한 전 세계 무역 물동량의 13% 통과 등을 중점사업으
로 추진하고 있으므로 이에 대한 참여폭도 넓다고 볼 수 있다. 특히 비만인
구가 많은 국가이므로 현대인에게 알맞은 주문식 식단연구와 체인점 운영
도 각광받을 분야라고 본다.

(4) 신재생 에너지

사우디는 '비전 2030'의 일환으로 2030년까지 전력생산량의 50%를 신재생에너지로 전환할 목표를 가지고 태양에너지, 풍력에너지, 그린수소 육성을 정책으로 삼고 있다. 또한 원자력 발전소도 2030년까지 1.4W 2기를 건설할 계획이다. 장기적으로는 총 16기를 건설하여 17GW 규모의 전력을 생산할 계획이다. 우리나라정부가 탈원전 정책을 쓰면서 이 분야를 선점 못한 것이 다소 아쉬우나 앞으로 중점적으로 추진할 분야로 이에 대한 인력양성을 하여 기술인력을 수출할 필요가 있다. 사우디 정부는 탄소배출 제로와 수소산업을 미래먹거리로 보고 적극적인 전략을 수립하고 있어 우리가 대학이나 연구기관을 접촉하여 선점할 수 있는 분야이다. 사우디 정부도 발빠른 선전포고만 한 상태라 이에 대한 관심있는 국책연구소나 대학들과 컨소시엄으로 연구를 진행할 필요가 있다. 우리가 사우디보다 좀 더 적극적으로 방향제시를 한다면 사우디 측이 펀딩을 통하여 참여하리라고 확신한다.

(5) 기타

현재 일부 공·사립대학들은 장학금을 제시하면서 선진국 학생들을 석·박사과정에 유치하고 있다. 우리나라의 대학을 졸업한 학생들이 사우디 이공계 대학원에서 공부하면서 인맥도 쌓고 졸업 후 거기서 취업을 한다면 장기적으로 서로 윈윈할 수 있는 학술교류나 학생교류의 기폭제가 되리라고 본다. 석·박사과정의 경우 원격으로 수업을 하고 방학때에 한국인 교수가 한 달간 사우디에서 출석수업을 하도록 하여 우리나라와 공동학위를 받게 한다면 좋은 교육협력방안이 되리라고 본다. 그리고 특허청이 특허법을 수출한 것처럼, 아직 실정법이 많이 제정되지 않은 국가이므로 이 분야도 대학이 주도하여 진출할 수 있는 분야라고 본다. 특히 수소법은 우리나라가 세계 최초로 제정하였으므로 이를 번역·수출하는 것도 상당한 효과가 있으리라고 본다. 한국은 사우디의 '비전 2030'의 전략적 핵심국가[11]로 2017년 출범한 한-사우디 비전 2030위원회를 중심으로 민간 & 정부 간 경제협력 강화와 2017년 10월에는 에너지 및 제조업, 스마트 인프라 및 디지털화, 역량강화, 보건의료 및 생명과학, 중소기업 및 투자 등 5대 협력 분야 40개 협력 프로젝트를 선정하였다.[12] 이 40개 협력분야를 잘 살펴보면 고등교육기관이 협력할 분야가 상당히 존재하고 있다고 본다.

　　마지막으로 사우디 진출 시에는 상대국가가 이슬람국가이므로 이들의 문화와 전통을 훼손하지 않고 서로가 윈윈(Win-Win)하는 전략을 늘 염두에 두어야 한다.

---

11 전략국가로는 중국, 인도 등이 있다.

12 〈표7〉 한-사우디 비전 2030 주요협력분야

분야	해당분야	프로젝트 수
에너지/제조 조선	전자정부, 로봇, 정보통신망, 지능형 교통시스템, 스마트시티	12
스마트 인프라/디지털화	조선, 자동차 및 부품, 석유화학, 원자력, 방산	13
역량 강화	전략산업 인력양성, 사우디 내 직업 훈련, 국책연구소 협력	4
보건/생명과학	성형외과, 제약산업, 병원정보화, 건강보험	4
중소기업/투자	중소기업 조인트벤처, 창업진흥, 정책 컨설팅, 기술지도	7

참고자료 ——————

교육부, "국내 유학생 통계", https://www.moe.go.kr/main.do?s=moe(검색일:2022년 10월 20일).

김종도 외(2013), "사우디 아라비아 통치기본법", 모시는 사람들.

김종도(2014), "이슬람 교육관과 쿠탑(Kuttāb)에 관한 연구", 한국중동학회논총, Vol.35, No.2.

_____(2022), "한국의 사우디아라비아 연구 현황과 동향", 한국-사우디 아라비아 외교수립 60주년 기념 학술대회 발표문.

사우디 교육부, "사우디 교육관련 각종 자료", https://moe.gov.sa/ar/pages/default.aspx(검색일:2022년 1월 10일)

사우디 기술직업훈련공단, "기술직업훈련자료", https://www.tvtc.gov.sa/index-en.html(검색일:2022년 2월 5일)

사우디 통계청, "사우디 해외 유학생수", https://www.stats.gov.sa/en/1010-0.(검색일:2022년 2월 20일)

_____, "사우디 학교 수와 학생수", https://www.stats.gov.sa/en/1010-0(검색일: 2022년 2월 15일)

Alamri, Majed, "Higjr Education in Saudi Arabia", Journal of Higher Education Theory and Practice vol.11(4), 2011.

Frank, Knight, "SaudiArabia Education Report 2021".

기타 각종 사우디 언론 및 한국 언론

오 만

김재희*

Ⅰ. 오만 개황

오만은 아라비아반도 동남쪽에 위치하며 수도는 무스카트, 인구는 2019년 기준으로 약 431만 명이며 그중에서 외국인은 약 200만 명이다. 언어는 아랍어를 공용어로 사용하며 종교는 이슬람-이바디파. 정치적으로 비교적 안정적인 상황에서 경제 발전을 지속하고 있다. 석유자원 고갈에 대비하여 비전 2020, 그 후 2040을 시행 중이며 산업다변화를 적극적으로 모색하고 있다. 주요 도시로는 수도인 무스카트(Musqat)와 걸프지역 국제환적항으로 개발하고자 자유무역지대 설립을 추진 중인 제2의 도시 살랄라(Salalah), 중화학 공업 단지로서 자유무역지대가 있는 소하르(Sohar) 등이 있으며 국내 기업이 경제 개발 대규모 프로젝트에 참여하고 있다.

---

* 서강대학교 유로메나연구소 책임연구원.

II. 오만 교육 현황

1. 오만 교육 정책

오만의 기본 정규 교육제도는 초등학교 4년제, 중학교 6년제, 고등학교 2년제로 의무교육이다. 1970년 당시 전체 학생 900명 이상 등록된 학교가 불과 3개교였으나 2016년 1,100개 공립 초·중등학교에 564,350명이 재학 중이며, 사립학교는 174개, 외국인 학교는 모두 33개의 학교가 있다. 오만 정부 차원에서 15세 이상 문맹 퇴치 계획을 추진 중이며 연간 교육비로 GDP의 5%(2014년 기준) 및 정부 총 지출의 11%를 차지하고 있다.

최근 오만 정부는 'Vision 2040'을 수립하여 인프라·통신 등에 집중 투자를 통해 원격근무·온라인 학습·전자상거래 등 새로운 생활 방식을 제시하고자 했다. 'Vision 2040'은 기초 및 고등교육의 질을 높이고 교육 커리큘럼을 개발하여 졸업생들이 국내 및 국제 노동 시장에 진출할 수 있는 기술과 자격을 보유할 수 있도록 지원하는 것을 목표로 하고 있다.

〈표1〉 오만 교육 정책

전략적 방향성	지식 기반 사회를 이끌고, 경쟁력 있는 국가 인재를 양성하는 포용적 교육, 평생학습, 과학연구 발전
	기초 및 고등교육의 질을 높이고 교육 커리큘럼을 개발하여 졸업생들이 국내 및 국제 노동 시장에 진출할 수 있는 기술과 자격 보유
주요 목표	사회적 파트너십을 갖춘 수준 높은 교육 시스템
	국가 및 국제 표준에 대비하여 교육 생태계를 통제하고 평가하기 위한 통합적이고 독립적인 시스템
	이슬람 원리 및 오만 정체성을 통합하는 가치 강화 커리큘럼
	교육 분야에서 인간의 역량을 강화하는 제도
	지식 기반 경제와 사회를 건설하기 위해 과학 연구, 혁신 및 창의성을 함양하는 효과적인 국가 시스템
	교육, 과학 연구 및 혁신을 위한 다양하고 지속가능한 자금 출처
	국내 및 국제적으로 경쟁력 있는 기술과 역동적인 역량을 갖춘 국가 인재 양성

* 출처: 코트라 lib.kotra.or.kr

또한 오만은 'Vision 2040'을 통해 오만인의 현지화 정책을 추진 중이다. 이것은 외국인이 차지하고 있는 일자리를 오만 현지인으로 대체하는 정책이다. 민간 부문 내 오만인의 비율을 40% 이상 늘리는 것을 목표로 오만 자국민 교육과 기술 및 직업 훈련에 투자를 집중하고 있다.

2020년 예산안을 기준으로 오만 정부는 전체 예산의 약 42억 달러(약 12.2%)를 교육 부문에 편성하였다. 2021년 예산안 내 전체 재정지출은 코로나 19로 인한 경제난으로 인해 전년 대비 18% 감축하여 편성되었으나, 교육부문의 경우 전년 대비 증가하여 총 예산안의 17%(약 46억 달러)에 달했다. 또한, 2021년 현재 20여 곳의 사립학교 건설을 위한 약 8,700억 달러 규모의 프로젝트가 진행 중이다.

오만 정부는 2017년 일자리 시장 수요와 교육의 격차를 해소하기 위해 국가연수기금(National Training Fund)을 설립했다. 해당 기금은 인력개발에 중점을 두고 있으며, 2019년 6,170명의 연수생을 대상으로 진행되었다. 2020년-2021년에는 696억 달러의 예산이 편성되고 양성 연수생 수는 1만여 명으로 확대되었다.

2. 고등교육제도 현황

오만 정부의 고등교육 담당 기관으로는 (1) 고등교육위원회(Higher Education Council), (2) 교육평가위원회(The Accreditation Council)가 있다. 고등교육위원회는 사립대학교를 지원하고 있다. 사립대학교 전체에 약 4,500만 달러를 지원하고 있으며 사립대학교가 처음 개설 시에는 전문인력과 5년간 세금 면제 및 집행액의 50%를 환급해 주는 지원 정책을 시행하고 있다. 이러한 지원 정책으로 사립대학교에 등록한 학생 수가 2002년 6,234명에서 2015년 70,294명으로 증가했다. 이는 전체 대학생 수인 141,790명의 약 50% 수준이다. 이는 사립대학교가 늘어나고 있다는 증거이다. 고등교육평가위원회는 국내외 전문가들의 오만 고등교육에 대한 평가·비교 및 권고를 수렴하여 국제적인 가이드 라인에 부합하는 양질의 고등교육시스템을 발굴하기 위한 목적으로 2001년 설립되었다.

3. 오만 교육 개혁

1970년 7월 술탄 카부스(Qaboos bin Said al Said: 1940~2020.10.1) 국왕이 무혈 쿠데타로 아버지였던 술탄 타이무르의 자리를 차지한 이후, 오만은 새로운 전환점을 맞이하게 되었다. 타 국가들과의 관계를 단절하고 남부 도파르 지역에서 고립된 정책을 펼쳤던 그의 아버지와는 달리, 영국에서 대학교육을 마치고 돌아온 술탄 카부스는 자국에서 개발정책을 추진했다. 동시에 가부장적 사회에서 항상 남성의 그늘에 가려져 기본 교육과정과 사회참여의 기회를 전혀 받지 못했던 여성들을 국가 발전의 주요 요소로 삼았다. 술탄 카부스 국왕은 남녀 모두에게 평등한 교육에 중요성을 두고 여성의 역량을 강화하는 여성 교육 개혁 정책을 펼쳤다. 이러한 여성에 대한 교육 장려 정책 덕분에 오만에 첫 여성 학교가 세워지면서 오만 여성들도 초·중·고 무상 의무교육을 받을 수 있는 기회를 얻게 되었다. 1970년대 중반에 여자 경찰을 두기 시작하였다.

1986년 오만에 첫 국립대학교인 술탄 카부스 대학교가 설립되면서 오만 여성들은 국내에서 기본 교육과정을 넘어 고등교육과정도 이수할 수 있게 되었다. 전문가들은 오만 여성의 사회참여가 증가한 원인에 대하여 교육이 가장 중요한 기여를 했다고 분석하고 있다. 술탄 카부스 대학교 여성 입학률은 해를 거듭하면서 남학생 수 보다 여학생 수가 앞서고 있다. 고등교육을 마친 여성들은 공공부문과 민간 부문에서 활발히 활동하고 있다.

4. 해외 유학생 현황

오만 역시 기타 걸프 국가들과 마찬가지로 해외에 설립된 문화원을 중심으로 자국 학생들의 해외 대학으로의 유학을 지원하고 있다. 2016년도 기준으로 해외 유학생 수는 14,676명이며 주로 UAE, 미국, 영국, 호주, 말레이시아, 인도 등 60여 개국에서 온 학생들이 있다.

1986년 술탄 카부스 대학교 설립 이전에는 대학 교육을 위해 UAE, 쿠웨이트, 요르단, 이집트, 영국 및 미국 등으로 유학생 및 장학생을 파견하여 자국민의 학업을 지원했다.

오만 고등교육부는 홈페이지에 2022년 유학 가능한 해외 대학 학위와 프로그램을 게재했다. 이를 보면, 호주, 튀르키예, 러시아, 카타르, 바레인, 헝가리, 중국 등이 있다. 한국에서는 서울시립대학교 국제도시과학대학원(MUAP) 석사과정과 서울대학교 우수 인재 장학프로그램(SNU President Fellowship)을 통해 오만 유학생을 모집하고 있다. 특히 오만 고등교육부는 대한민국에서 제공하는 해외 유학생을 위한 다양한 장학제도를 홈페이지와 트위터 등에 소개하고, KAIST 등에서 실시하는 2022년도 장학금에 대한 상세 정보를 제공하거나, 국립국제교육원(NIIED)에서 실시하는 '정부초청 외국인 대학원 장학생 모집 요강' 등을 안내하고 지원할 수 있는 링크를 제공하는 등, 자국 대학생들의 대한민국으로의 유학을 적극적으로 장려하고 있다.

III. 오만 대학교 현황

오만의 고등교육기관은 2002년 국립종합대학 1개, 기술전문대학 5개, 보건 교육 기관 17개 등 총 23개에서 2018년 기준 종합대학 1개, 사립대학 및 전문대 28개, 응용과학대학교(Colleges of Applied Sciences) 6개, 군사기술대학 1개 등 총 57곳으로 성장했다. 이 중에서 대학교평가 기관으로부터 상위의 평가를 받은 주요 국립대학교 및 사립대학교를 살펴보면 다음과 같다:

1. 술탄 카부스 대학교(Sultan Qaboos University: SQU)

〈사진1〉 술탄 카부스 대학교

술탄 카부스 대학교는 오만 내 유일한 국립종합대학이며 9개의 단과대
학에 학부 학생 수는 약 17,500명이다. 수도인 무스카트에 있다. 1982년 국
경일(11월 18일)에 술탄 카부스 국립대학교 설립안을 발표했다. 그 후 4년 만
인 1986년 5개의 단과대학(의대, 공대, 농대, 교육대, 자연과학대)로 개설했다. 1987
년 예술사회대학, 1993년 통상경제대학, 2006년 법과대학, 그리고 2008년
간호대학이 뒤이어 개설되었다. 국왕이 총장직을 겸하고 있어 실질적인 총
장의 역할은 부총장이 담당하고 있다. 9개 단과대학 총 69개 과로 구성되었
다. 등록 학생 중 여학생이 남학생 수보다 많다. QS 평가에 따르면 2021년
전 세계 대학교 중에서 368위를 차지했다. 아랍지역에 있는 130개 대학교
중에서 8위로 도약했다. 단과대학 외에, 지질관측연구소, 수자원연구소, 정
보통신연구소, 석유 및 가스 연구소, 원격제어시스템연구소 등 총 10개의
산하 연구소가 있다. 대학교 캠퍼스 내 태양에너지를 활용하는 등을 스마
트시티로 이전할 계획을 추진 중이다.

2. 오만 독일 공과 대학(German University of Technology in Oman: GUTECH)

〈사진2〉 오만 독일 공과 대학

　오만에 설립된 최소의 사립대학이며 유럽 최고의 기술 대학 중 하나인 독일의 RWTH Aachen University와 협력하여 2007년에 수도 무스카트에 설립되었다. 아랍지역 대학들 중 101~110위를 차지하고 있다. 학부과정으로 시작하여 2018년 5개 과정에서 석사학위과정을 개설하였다. 2019년-2020년 학기에 총 2,195 학생이 학부 및 석사과정에 등록하였다. 현재는 약 1,500명이 재학중이다. 주요 학부 및 석사과정은 '컴퓨터공학', '기계공학', '국제 비스니스 및 서비스 매니지먼트', '환경공학', '응용지구과학' 등이다.

3. 중동 칼리지(Middle East College: MEC)

　2002년에 설립된 단과대학이며 학생 수는 약 5,100명이다. 사립대학교이며 영어로 수업이 진행되어 한국을 포함하여 영국, 인도, 스페인, 이탈리아 등 24개국에서 온 학생들이 수학하고 있다. 해외 대학교로는 영국의 Coventry University와 협력 하고 있다. 주요 과정은 엔지니어링, 비즈니스

〈사진3〉 중동칼리지

및 테크놀로지이다. Microsoft IT Academy(ITA), Oracle Academy Initiative Program, Cisco Networking Academy Program, EC-Council Scholarship, SAP, Linux Professional Institute, 그리고 오만 정보통신부와 파트너십을 맺고 있다.

4. 니즈와 대학교(University of Nizwa: UoN)

〈사진4〉 니즈와대학교

2002년 발표된 술탄 카부스 국왕의 왕명에 따라 오만 최초의 비영리 대학으로 2004년 설립되었다. 수도인 무스카트에서 약 140킬로 떨어진

"Nizwa"의 옛 수도였던 Al-Dakhiliya 지역에 있다. 1,200명의 학생으로 시작했던 학교는 현재 30개의 학부과정과 6개의 석사과정에 모두 6,500여 명이 재학 중이다.

니즈와대학교는 4개 단과대학과 2개 교육원으로 이루어져 있다.

· 문리대학(College of Arts and Sciences) : 생물·화학과(Department of Biological Sciences and Chemistry), 아랍어학과(Department of the Arabic Language), 교육·문화학과(Department of Education and Cultural Studies), 외국어학과(Department of Foreign Languages), 수학·물리학과(Department of Mathematical and Physical Sciences)

· 경제·경영·정보시스템대학(College of Economics, Management & Information Systems) : 정보시스템학과(Department of Information Systems), 경영학과(Department of Management), 경제금융학과(Department of Economics and Finance), 회계학과(Department of Accounting)

· 공학·건축대학(College of Engineering & Architecture) : 건축·인테리어디자인학과(Department of Architecture and Interior Design), 토목·환경공학과(Department of Civil and the Environmental Engineering), 화공·석유화학공학과(Department of Chemical and Petrochemical Engineering), 전자·컴퓨터공학과(Department of Electrical and Computer Engineering)
   · 약학·간호대학(College of Pharmacy & Nursing)
   · DHAD 어학원(DHAD Institute for TASOL)
   · 평생교육원(Lifelong Learning Institute)

5. 자흐라 여자대학교(Al Zahra College for Women: ZCW)

〈사진5〉 자흐라대학교

1999년 고등교육부로부터 인가를 받아 설립된 사립 여자대학교다. 주요 과정은 회계학, 경영학, 컴퓨터 과학 등이 있다. 학부과정에 5,746명, 외국인 학생은 49명이다.

자흐라 여자대학교는 6개의 학과가 있다.

- Department of General Foundation
- 디자인학과(the Department of Design (Graphic Design-Interior)))
- 영어영문학과(the Department of English Language and Literature)
- 정보기술학과(the Department of Information Technology)
- 경영금융학과(the Department of Managerial and Financial Sciences) (M&FSs)
- 법학과(department of law)

IV. 한국-오만 간 교육 교류 현황

1. 한국-술탄 카부스 대학교와의 교류 협력(2016.08)

〈사진6〉 한국방문 오만학생사절단: 주오만 한국대사관 홈페이지,https:// overseas.mofa.go.kr

　　2016년 주오만 대한민국대사관 일행은 술탄 카부스 국립대학교(Sultan Qaboos University)를 방문하여 대학교 관계자들과 면담하고, 한국대학교와 학생 및 연구인력 교류, 양국 취업 지원 등 대학교 간 교류 협력 증진 방안을 논의했다. 같은 해 8월 술탄 카부스 대학교 학생 및 교직원 93명이 한국을 방문하여 외교부 등의 정부 부처를 비롯하여 각종 산업시설과 대학을 견학하고 다양한 한국문화를 체험했다.

2. 중동 칼리지와 한양대학교 간 교환학생 프로그램(2023)

　　2019년 오만의 중동 칼리지(Middle East College)는 국내 한양대학교와 공동으로 '교환학생 프로그램'을 진행했다. 이 프로그램은 오만 대학생을 대상으로 한국을 방문하여 예술, 디자인, 미디어, 사회, 과학, 수학, 한국어, 역사 등 관광지 탐방과 문화 체험, 그리고 한국어 교육 프로그램 참여를 내용으로 하고 있다. 양 대학교는 2013년부터 매해 상호 방문 문화연수 프로그램을 운영 중이며 2019년 이후 코로나 팬데믹으로 3년여 동안 중단되었다가, 최근 다시 재개되어 2023년 1월 29일~2월 23일까지 한양대학교 학생들이 '동계학생교류프로그램'에 참가하여 연수 중이다.

Middle East Co... ✔ @. · 1월 29일 ···
ترحب #كلية_الشرق_الأوسط بالوفد الكوري من
جامعة هانيانج بكوريا الجنوبية وذلك ضمن برنامج
#التبادل_الطلابي الشتوي الذي تقدمه كلية الشرق
الأوسط للطلبة الكوريين من الفترة 29 يناير وحتى
23 فبراير 2023
#كوريا_الجنوبية

💬 1   🔁 2   ❤ 15   ⌗

〈사진7〉 동계학생교류 프로그램에 참가하고 있는 한양대학교학생들

3. 오만 한국문화클럽-국내 대학교 간 민간교류 협력(2017)

2017년 7월 오만 한국문화클럽에서 한국어를 배우는 학생들이 한국을 방문하여 3주 동안 한국외국어대학교, 부산외국어대학교를 탐방하고 다양한 문화교류를 체험했다. 오만 한국문화클럽은 2013년에 결성되어 한국

문화에 관심 있는 오만 학생들을 대상으로 한국어 교육과 다양한 한국 문화 프로그램을 제공하고 있다. 2014년부터 매해 한국을 방문할 수 있는 기회를 주고 있으며 2014년에는 전남대학교와 파트너십을 체결하고 광주와 서울 지역을 방문했다. 2015년에는 부산외국어대학교와 명지대학교, 양주시 등을 방문했으며 2016년에는 한국외대, 부산외대 및 제주대와 통영시, 2018년에는 경주대학교 등을 찾았다.

Ⅴ. 한국-오만 간 교육 협력 증진을 위한 제언

1. 한국-오만 대학교 간 교류 협력 확대

지난 2016년에 술탄 카부스대학교 학생 및 교직원 일행이 한국을 방문한 이후 양국 간에는 대학교 차원에서의 활발한 교류와 협력은 다소 주춤한 상황이다. 당시 오만 대학생은 "언어관련 교환학생 및 기타 학문교류와 협력이 활성화되기를 기대한다"는 바람을 피력하였다. 한국과 오만은 석유와 LNG와 같은 산업분야에서 다양한 경제 교류와 협력을 해 오고 있다. 특히 한국의 GS, 삼성, LG, 대우, 현대, 두산, 한진, 대림, 포스코 등 많은 한국 대기업들은 오만의 인프라와 기타 주요 건설 프로젝트 개발에 참여하고 있다. 하지만 양국이 보여 주는 활발한 무역교류와 한국 대기업의 오만 경제 개발 사업 참여도와 비교하여 대학 간 교류는 실질적으로 많지 않다. 이집트 등이 민주화시위로 인해 정세가 불안정해지면서, 많은 한국의 아랍어를 전공하는 대학생들은 오만 등 비교적 안정된 곳에서 아랍어 연수를 하고 있다. 이와 관련하여 오만에서는 매해 장학생을 선발하여 오만 내 대학교에서 아랍어를 연수할 수 있는 기회를 제공해 오고 있다. 향후 더 많은 학생들이 오만 내 대학교에서 아랍어를 공부할 수 있고 또한 오만 학생들도 한국 내 대학교에서 수학할 수 있는 장학금제도 또는 교환학생 프로그램의 활성화를 기대한다.

앞에서 언급한 2019년 중동 칼리지(Middle East College)와 국내 한양대학교 간 '교환학생 프로그램'의 지속적인 확대를 제안한다. 이 프로그램은 포스트 코로나 시대에도 양국 간 교육 및 연구 분야 협력 증진으로 발전시킬 수 있는 좋은 모델 사업이다. 또한 오만 한국문화클럽의 국내 대학교와 문화관광지 탐방 역시 대학교 차원에서 충분히 추진할 수 있는 좋은 민간교류협력의 사례가 될 수 있다.

2. 양국 인적교류 협력 확대

현재 오만 전역에서 K-뷰티, K-푸드를 비롯하여 한국 문화에 대한 관심이 급상승하고 있다. 이와 관련하여 정부, 기업, 기관 간 문화교류 프로그램 및 한류 콘텐츠 오프라인 및 온라인 프로그램을 신설하고 확대하는 방안이 논의 중이다. 대학교 또는 학생 간 교류 차원에서 한국 문화교류 동아리 활동 지원을 제안한다. 대학교 및 사설 교육기관 등의 양국 교육기관이 관련 MOU를 체결하여 학생 교류 및 한국어 강좌를 오프라인과 온라인으로 개설하고, 또한 아랍어 강좌 역시 개설하여 학생들 간 지속적인 교류와 협력에 대한 지원과 학생들이 자체적으로 조직하는 동아리 활동을 학교 차원이나 기업 차원, 혹은 대사관 차원에서 지원하는 방안도 논의할 것을 제안한다. 2012년 양국 간에 체결된 고등교육 및 연구 협력 MOU는 오만 교원 양성, 진로·직업교육, 교육과정 및 평가, 이러닝 분야 등에서 양국 간 협력 강화를 내용으로 하고 있다. 이러한 협정 등을 활성화하여 교육기관 공동 연구 및 연구원 교환 연수 등의 구체적인 협력 방안을 모색할 것을 제안한다.

3. 오만 온라인 교육 활성화를 위한 교육 콘텐츠 수출 협력

2008년 한국정보통신대학교(Information and Communications University: ICU)는 국내 대학 사상 처음으로 술탄 카부스 대학에 IT관련 온라인 실시간 강의를 수출했다. 그동안 국내 일부 대학들이 해외 유명대학들과 인터넷 강의를 통해 교과목을 서로 맞교환하거나 저명교수를 초빙하여, 직접 강의를 맡게 하는 사례가 꾸준히 늘고 있지만, 위와 같이 국내대학이 해외 대학으로부터 수업료를 받고 온라인 실시간 강의를 통해 교과목을 수출하기는 한국정보통신대학교가 처음이다. 강의는 이틀에 걸쳐 총 5시간 동안 술탄 카부스 대학교 교수 및 교직원을 대상으로 국내 교수가 '유비쿼터스 네트워크 시큐리티(Ubiquitous Network Security)'라는 IT 관련 강좌를 인터넷과 영상강의시스템을 통해 실시간으로 강의를 진행하였다. 양 대학은 2006년 3월에 국제교류협정을 체결하였으며 이후 양 대학 관계자가 상호 방문하여 인터넷을 이용한 사이버 단기 강의와 정규강좌 개설을 논의한 이후 이루어진 성과물이다. 이틀간 진행된 단기강좌를 들은 학생들은 술탄 카부스 대학교 정보시스템 및 전산, 컴퓨터공학 관련 교수들과 연구원 30명으로 ICU는 시간당 1,000달러의 수강료 수입을 올렸다. ICU는 술탄 카부스 대학교 외에 튀르키예 토브-경제공학대(TOBB-ETU)와 사우디아라비아 최대의 국립대학교인 킹사우드대학교(KSU)과도 온라인 강의 개설을 논의한 바 있다. 이와 같이 포스트 코로나 시대가 오더라도 오프라인과 더불어 온라인, 비대면 강의는 꾸준히 지속적으로 늘어날 것으로 보인다. 비대면 강의의 장점은 굳이 해외에 유학하지 않더라도 수준 높은 강의를 들을 수 있다는 장점이 있으며 특히 아랍 국가의 경우 남학생과 여학생이 따로 수업을 듣는 사회적인 상황을 감안하여 온라인, 비대면 강의와 같은 콘텐츠는 아랍국가 교육 시스템에 매우 환영받을 만한 수출 아이템이 될 수 있다. 교육 콘텐츠 수출이 국내대학의 신수익모델로 자리잡을 수 있도록 신기술 위주의 커리큘럼을 체계적으로 구성하여 IT 관련 단기 및 정규 강좌를 개발하여 아랍국가 대학교에 수출하는 방안을 적극적으로 검토할 것을 제안한다.

4. 오만 신재생에너지산업 연구 협력

오만은 2008년부터 술탄 카부스 대학교, 도파르 대학교 등 학계 및 오만 수전력청(Public Authority for Electricity and Water: PAEW) 등 정부 기관을 중심으로 신재생에너지산업 연구를 추진해 풍력 및 태양에너지 개발을 추진하고 있다. 현재 풍력 및 태양에너지 개발 연구는 개발 타당성 및 향후 프로젝트 검토가 이뤄지는 초기 단계로 평가되고 있다. 오만은 지속 성장 가능한 미래를 위해 자급 자족형 모델을 지향하고 재생에너지 개발에 집중하고 있다. 이를 통해 2020년까지 전력 생산량의 10%까지 재생에너지를 통해 충당하겠다는 원칙을 수립한 바 있다. 이와 관련하여 국내 기업의 오만 신재생에너지 시장진출뿐만 아니라 국내 대학교와 술탄 카부스 대학교, 도파르 대학교 등 연구기반 대학교를 중심으로 신재생에너지 연구 사업을 함께 추진하여 학문 연구 성과가 산업 분야 협력으로 이어질 수 있도록 산학 협력의 활성화를 제안한다.

5. 국내기업-오만 대학교 간 산학협력

2012년 대우건설이 오만 술탄 카부스 국립대학교 상경계 우수학생들을 국내로 초청하여 국내 건설현장 견학 등 인턴십 프로그램을 제공한 사례와 같은 제도를 적극적으로 활용할 것을 제안한다. 약 한 달 동안 진행된 이 프로그램은 오만의 대학생들에게 한국의 기업 활동에 대한 이해를 높이고 직접 산업 현장을 견학할 수 있는 기회를 제공하였다. 덕분에 오만에서도 활동하고 있는 국내기업에 대한 이미지를 제고하는 데에 기여하여 대학교와 기업 간 산학협력의 모범 사례로 꼽히고 있다. 5주간의 프로그램 중 1주는 국내 대학교에서 한국어와 한국문화를 교육받고 나머지 4주간 대우건설 본

사에서 인턴 실습과 현장 견학 등의 일정으로 구성되어 있다. 과정에 참여한 학생들과 대학교 관계자들은 매우 만족하면서 지속적인 교류를 희망했다. 오만에서 수리조선소, 수르 복합화력발전소 등 1조 6천억 원 규모의 공사를 수행하고 있는 대우건설은 인턴십 프로그램을 통해 기업에 대한 우호적인 이미지를 수립할 수 있고 더불어 오만 내 기업을 알릴 수 있는 좋은 기회가 되었다. 대우건설뿐만 아니라 오만에서 프로젝트를 수행하고 있는 다른 기업들도 이와 유사한 인턴십 과정을 개설한다면 양국 간 우호 선린 관계 강화에 기여할 수 있을 것으로 기대한다.

6. 오만 온라인교육 시스템 개선 협력

오만 교육부와 고등교육부는 2020년 3월 중순, 코로나 19 확산 제한을 위한 조치로 모든 공립학교와 사립학교, 고등교육기관의 완전한 폐쇄 조치를 발표했으며 대안으로 플랫폼을 이용한 온라인 학습 방식이 전국적으로 채택되었다. 같은 해 4월, 오만 교육부는 정부 학교에도 이러닝 방식을 채택하도록 지시했다. 하지만 해당 조치 후에도 오만 내 코로나 19 확진자 수가 증가세에 있자 모든 공립 및 사립학교의 학기를 기존 예정된 2020년 6월 말이 아닌 5월 초에 조기 종료하는 결정을 발표하였다. 오만 내 유일한 종합대학인 술탄 카부스 대학도 한 달간 캠퍼스 서비스를 전면 폐쇄한 뒤 온라인 학습으로 전환했다. 이를 위해 술탄 카부스 대학은 기존에 사용 중이던 Moodle 플랫폼을 이용한 긴급 원격 수업(ERT: Emergency Remote Teaching) 방식으로 바꾸었다.

오만은 대가족 문화로 일부 마을의 경우 인터넷 등 인프라 시설이 열악한 산악 지대에 위치해 있다. 대부분의 오만 가족은 다자녀를 두고 있으며, 이런 다자녀 가정의 경우 여러 대의 노트북, 태블릿 PC 구입 등을 위한 재정적 자원 부족 및 인터넷 기반 부족을 이유로 이러닝에 반대한 바 있다. 이에 오만 교육부는 2020년 8월에 시작될 새 학기에 적합한 교육 방식 채택과 관련해 온라인 설문을 진행했으며, 최종적으로 하이브리드 방식(온라인과 오프라인이 결합된 형태의 교육 방식)을 채택하기로 결정했다. 하이브리드 방식은 학생 밀도에 따라 학교마다 다르게 적용되었으며, 일부는 격주로 대면 수업과 온라인 수업을 각각 진행하는 방식을 채택했다. 2020년 11월, 학생들은 하이브리드 방식으로 교육을 시작하게 되었으나 느린 속도의 인터넷 서비스로 인해 교육 서비스 접근의 어려움을 경험하게 되었다. 이와 같이, 오만은 온라인 교육 인프라의 열악한 환경으로 교육에 어려움을 겪고 있다. 우리나라도 동일한 여건이지만, 뛰어난 IT 기술을 바탕으로 비대면 수업을 정상적으로 진행해 오고 있으며 오프라인 수업과의 갭을 점차 줄여가며 일상생활로의 복귀를 준비하고 있다. 우리나라의 교육 관련 시스템과 IT 기술을 오만에 보급하여 오만 교육 환경이 정상적으로 돌아올 수 있도록 기여할 것을 제안한다.

이와 관련하여 국내 관련 기업과 기관들이 오만 고등교육부가 후원하는 오만 고등 교육 전시회(GHEDEX)에 참여하여 오만의 교육기관, 기술 교육 및 직업 훈련 등을 파악하는 것도 고려할 만하다. 20년의 역사를 자랑하는 GHEDEX는 2019년 까지 학생, 학부모, 학계 대표 등 25,000명 이상이 참가하는 대형 교육 관련 이벤트였으나 코로나 19로 인해 2021년 3월에는 아랍국가 최초로 인공지능(AI), 데이터 과학, 실시간 물리학 기반 알고리즘 및 머신러닝을 탑재한 VR 가상전시회로 개최되었다.

VI. 결 론

오만은 자국민 고용 강화제도를 매년 강화하고 있으며 이에 따라 오만 자국민의 고용 기회 제공 및 전반적인 경쟁력 강화를 위한 기술 및 투자의 중요성이 강조되고 있다. 또한 높은 출산율, 현대화 등을 통해 오만의 교육 부분은 상대적으로 높은 연평균 성장률을 보이고 있으며, 따라서 지속적인 교육의 질적 향상을 위한 노력이 필요하다. 사교육의 비중도 매년 증가하여 관련 시장의 전문인력 양성 관련 프로그램의 도입과 개발의 필요성도 증가하고 있어 관련 부문에 대한 우리나라의 다각적인 참여와 기대가 필요할 것으로 사료된다.

참고자료 ────────

"술탄 카부스 대학교 홈페이지", https://www.squ.edu.om/(검색일: 2022년 03월 12일)

"세계 대학교-오만"- 주수르 센터, https://josor.org/university(검색일: 2022년 03월 12일)

"술탄 카부스 대학, 무스카트의 스마트 도시가 되다"-알디플로마시, https://www.aldiplomasy.com/(검색일: 2022년 03월 11일)

"코트라해외시장뉴스", https://dream.kotra.or.kr/kotranews(2021/05/17)(검색일: 2022년 03월 10일)

"세계 대학교 현황-오만", https://www.universityguru.com/ko/daehag-oman(검색일: 2022년 03월 09일)

"오만 교육 현황"-주 오만 대한민국 대사관, https://overseas.mofa.go.kr/om-ko/brd/m_11283/list.do(검색일: 2022년 03월 11일)

"재외동포신문, "오만 한국문화클럽", http://www.dongponews.net/news/articleView.html?idxno=34558(검색일: 2022년 03월 10일)

"대우건설, 오만 술탄 카부스 국립대학교 상경계 우수학생들을 국내로 초청해인턴십 프로그램 제공"-머니투데이 https://news.mt.co.kr/mtview.php?no=2012072011000281418(검색일: 2022년 03월 11일)

"한국과 오만"-한국디자인진흥원, https://www.designdb.com(검색일: 2022년 03월 11일)

한국방문 오만학생사절단〉, https://overseas.mofa.go.kr〉(검색일: 2022년01월 11일)

"술탄 카부스 교육 개혁과 여성의 사회 참여 증가", Jeong, Ji Eun(2014), Sultan Qaboos's Education Reform and Increase of Women's Social Participation, 한국외국어대학교 국제지역대학원 석사학위 논문(검색일 : 2022년 03월 12일)

UAE(아랍에미리트)

김재희*

Ⅰ. UAE 대학교육 현황

1. UAE 교육 정책 추진 배경

UAE 정부는 포스트 오일 시대를 대비하여 '비전 2021'를 수립하고 국가 전략의 주요 목표를 탈석유, 경제구조 다변화로 정하고 특히, 지식 재산을 국가의 핵심 자원으로 인식하고 국가의 지속적인 번영을 위해 지식기반 경제를 추진해 왔다. 최근 저유가 기조로 재정 압박을 받고 있음에도 불구하고 정부의 교육부문 지출은 높은 수준을 유지해 오고 있다. 2020년 기준을 보면, 전체 예산의 15%(104억 디르함, 약 28억 달러)를 교육 관련 예산으로 배정하였으며 이는 사우디아라비아를 제외하고 GCC 국가 중 가장 높은 수준이다. UAE는 다양한 교육정책을 추진하면서 동 분야에 있어 외국인 투자 여건 개선을 통해 교육 분야 성장을 촉진하고자 한다. 2021년까지 UAE 교육

---

* 서강대학교 유로메나연구소 책임연구원.

시스템을 세계 최상의 수준으로 높이고 모든 교육 시설에 스마트 장비 설치를 목표로 교육부문 투자 확대해 오고 있다. 다음의 표를 보면 2021년 동안 UAE가 교육부문에서 실현한 현황을 파악할 수 있다.

〈그림1〉 Vision 2021 교육부문 진행 현황

Average TIMSS Score Grade 4 - Mathematics
Rank 34 (2021 Report)

Average TIMSS Score Grade 4 - Science
Rank 33 (2021 Report)

Average TIMSS Score Grade 8 - Mathematics
Rank 23 (2021 Report)

Average TIMSS Score Grade 8 - Science
Rank 25 (2021 Report)

Average PISA Score Mathematics
Rank 42 (2021 Report)

Average PISA Score Science
Rank 43 (2021 Report)

Average PISA Score Reading
Rank 36 (2021 Report)

Enrollment Rate in Foundation Year
0% (2021 Report)

Percentage of Schools with Highly Effective School Leadership
58% (2020 Report)

Percentage of Schools with High Quality Teachers
56% (2020 Report)

Percentage of Students with High Skills in Arabic, According to National Tests
44% (2019 Report)

Enrollment Rate in Preschools (public and private)
92.75% (2020 Report)

Upper Secondary Graduation Rate
99.70% (2020 Report)

* 출처: vision2021.ae

※ 교육목표실현 현황

Average TIMSS Score Grade 4-Mathematics RANK 34 (2021 Report)	Average TIMSS Score Grade 4-Science RANK 33 (2021 Report)	Average TIMSS Score Grade 8-Mathematics RANK 23 (2021 Report)
Average TIMSS Score Grade 8-Science RANK 25 (2021 Report)	Average PISA Score Mathematics RANK 42 (2021 Report)	Average PISA Score Science RANK 43 (2021 Report)
Average PISA Score Reading RANK 36 (2021 Report)	Enrollment Rate in Foundation Year 0% (2021 Report)	Percentage of Schools with Highly Effective School Leadership 58% (2020 Report)
Percentage of Schools with High Quality Teachers 56% (2020 Report)	Percentage of Students with High Skills in Arabic, According to National Tests 44% (2019 Report)	Enrollment Rate in Preschools (Public and Private) 92.75% (2020 Report)
Upper Secondary Graduation Rate 99.70% (2020 Report)		

* 〈출처: vision2021.ae〉

2. 교육 이니셔티브

UAE의 연방 교육부는 "2020 교육전략(Education Strategy 2020)" 수립을 통해 UAE 학생들의 해외 대학 진학을 촉진하고 교육기관의 글로벌 경쟁력을 강화하는 목표를 실현하고자 했다. 이를 위해 K-12(유치원부터 고등학교까지) 전 과정을 스마트 러닝 프로그램에 초점을 맞추고, 공립학교의 이러닝 환경 조성을 세부 목표로 확정했다. 세부적인 주요 이니셔티브를 살펴보면 다음과 같다.

(1) 무함마드 븐 라시드 알 마크툼 글로벌 이니셔티브(MBRGI: Mohammed Bin Rashid Al Maktoum Global Initiative)

이 이니셔티브는 2015년 UAE 부통령 겸 총리, 두바이 통치자에 의해 창안되었으며 자국 및 주변 개발도상 아랍국가에 교육·의료·인재육성·여성 및 청소년 역량 강화 등 인도적 지원과 지역사회 개발을 목표로 하고 있다.

(2) ICT Fund

이 이니셔티브는 아랍권 최초의 ICT(정보통신)기금으로서 UAE 내 ICT분야 발전을 위해 2007년 UAE 통신규제청(TRA)의 출범에 따른 것이다. 이니셔티브의 목표는 대학 내 ICT 분야 학술 인프라 강화, ICT 분야 교육 강화 및 장학금 지급을 통한 교육 기회 제공과 인재육성을 통해 ICT 분야의 성장 촉진을 목표로 한다. 특징은 UAE 국영통신사 이티살라트(Etisalat)와 두(du)의 연간 순이익 1%를 운용 재원으로 활용한다는 점이다.

(3) 교육 특화 프리존 조성

교육 분야에 대한 외국인 투자를 장려하기 위해 조성된 구역으로서, 프리존 내 외국인 지분 보유, 스폰서 지정, 자국인 고용조건 등 모든 제약을 면제해 주는 파격적인 조건이다. 또한 이 지역 내에서는 법인세 및 수입·재수출 관세 0%와 자본 이전의 자유가 주어진다. 대표적인 교육 특화 프리존으로 '두바이 지식 단지(Dubai Knowledge Park/Village)'와 '두바이 국제 학술 단지(Dubai International Academic City)'를 들 수 있다.

〈사진1〉 Dubai Knowledge Park/Village

〈사진2〉 두바이 인터내셔널 아카데믹 시티

3. UAE 교육정책

UAE는 교육부가 모든 국립학교 뿐 만 아니라 사립학교에 대한 관리 및 감독 권한을 가지고 있으며 모든 교육과정은 교육부로부터 학습 인가를 득해야 한다. UAE 대학 학생들의 쿼터를 살펴보면 8%는 걸프지역학생들로, 7%는 기타 외국인 학생들로 할당하고 있다. UAE 자국민의 대학교 진학 비율을 보면, 남학생은 80%, 여학생은 95%가 대학에 진학한다. 2020년 기준으로 아부다비 내 대학생 수는 모두 280,000명이었으며 두바이 대학생 수는 400,000명으로 나타났다.

4. 해외우수학생 유치를 위한 시행책

UAE는 2020년 12월 외국인 전문인력 유치와 장기 정착을 독려하기 위한 10년제 '황금비자제도'를 확대 시행해 오고 있다. 이 제도는 특히, 성적 우수 학생, 박사학위소지자, 컴퓨터 및 전기공학, 생명공학, AI 및 프로그래밍 전문 지식 보유자, 데이터 전문가를 대상으로 비자를 발급해 준다. 이 제도 덕분에 박사학위를 취득한 이후 후속연구의 가능성이 열리게 되었다.

II. UAE 대학 현황

1. UAE 대학의 강점

UAE는 다양한 분야 중에서 교육 분야가 가장 빠른 성장을 보이고 있다. 특히 미국, 프랑스, 호주, 캐나다, 영국 등의 세계적인 명문대학 캠퍼스 유치를 통해 고등교육을 강화하고자 하며 자국민 및 해외유학생들에게 막대한 장학금을 지원한다. 또한 졸업 후 UAE 내 취업할 수 있는 기회가 주어진다.

2. UAE 대학 정보

UAE 7개 토후국에 있는 국립 및 사립대학교는 모두 33개이며, 단과대학을 포함하면 약 50여 개의 대학이 있다. 대학 및 해외 교육기관에서 유치한 비즈니스 스쿨 등을 포함하면 전체 학교 및 교육기관 수는 약 108개 이상이다. 그중에서 상위 20개 대학교를 살펴보면 다음과 같다:

〈표1〉 UAE 내 상위 20위 대학

번호	학교 명	위치
1	Khalifa University Science, Technology & Research · 2007년 설립 　　　　　 · QS 선정 전 세계 183위(2022년) · 아랍지역: 9위 　　　　　 · 화학공학/사회과학/환경과학 · 단과대학: 공과대학, 문리과대학, 의과대학	Abu Dhabi Sharjah Campus
2	United Arab Emirates University (UAEU) · 1976년 설립 · 고등교육부 장관이 총장, 실질적 총장역할: 부총장 · UAE 내 가장 오래된 국립대학 중 하나 · 세계 순위: 288위 　　　　　 · 아랍지역: 5위 · 컴퓨터 공학 & 정보 시스템/임상 의학/교육 · 단과대학: 인문사회과학대학, 과학대학, 교육대학, 경영·경제대학, 법학대학, 식량·농업대학, 공과대학, 의학·보건과학대학, 정보기술대학, 전문대학	Abu Dhabi
3	University of Sharjah · 1997년 설립 · 세계 순위: 601-650위 　　　　　 · 아랍지역: 16위 · 단과대학: 샤리아 및 이슬람대학, 예술·인문·사회과학대학, 경영대학, 공과대학, 보건과학대학, 법과대학, 미술 및 디자인대학, 커뮤니케이션대학, 의과대학, 치의과대학,약학대학, 과학대학, 대학원, 컴퓨팅 및 정보학대학	Sharjah
4	American University of Sharjah · 1997년 설립 · 세계 순위: 383위 　　　　　 · 아랍지역: 7위 · 아트 & 디자인 · 단과대학: 건축·예술디자인대학, 인문과학대학, 공학대학, 경영대학	Sharjah

5	Zayed University(ZU)	Abu Dhabi Dubai
	· 1998년 설립 · 3대 정부지원 국립대학교 · 세계 순위: 650-700위 · 아랍지역: 20위 · 최초의 연방 대학 · 여성의 교육 및 사회 참여 장려로 설립 · 단과대학: 예술 및 창조산업대학, 자연 및 보건과학대학, 인문 및 사회 과학대학, 경영대학, 커뮤니케이션 및 미디어과학대학, 교육대학, 기술 혁신대학, 유니버시티 칼리지(University College)	
6	Abu Dhabi University	Abu Dhabi Dubai & Al Ain
	· 2003년 설립 · 세계 순위: 701-750위 · 아랍지역: 36위 · 단과대학: 예술 및 인문대학, 경영대학, 공과대학, 의과대학, 군사대학	
7	Ajman University(AU) Ajman University of Science And Technology	Ajman
	· 1988년 설립 · UAE & GCC 첫 사립대학 · 세계 순위: 701-750위 · 아랍지역: 35위 · 한국어·한국문화 교육을 위한 '세종학당' 유치 · 단과대학: 건축, 예술 및 디자인 대학, 경영대학, 치과대학, 공학 및 정보 기술대학, 인문학 및 과학대학, 법과대학, 매스커뮤니케이션대학, 의과 대학, 약학 및 보건과학대학	
8	American University in Dubai(AUD) · 1995년 설립 · 세계 순위: 601-650위 · 아랍지역: 24위 · 단과대학: 건축·예술·디자인학교(School of Architecture, Art and Design), 인 문대학, 경영대학, 공학대학, 모하메드 빈 라시드 커뮤니케이션 대학 (Mohammed bin Rashid School for Communication), 교육대학	Dubai
9	Canadian University of Dubai(CUD)	Dubai
	· 2006년 설립 · 세계 순위: 601-650위 · 아랍지역: 42위 · 단과대학: 건축 및 인테리어디자인학부(Faculty of Architecture and Interior Design), 커뮤니케이션·예술·과학부, 공학·응용과학·기술학부, 경영학부	
10	Al Ain University	Abu Dhabi
	· 2004년 설립 · 세계 순위: 701-750위 · 아랍지역: 71-80위 · 단과대학: 공학대학, 약학대학, 법학대학, 교육·인문사회과학대학, 경 영대학, 커뮤니케이션·미디어대학	

11	American University of Ras Al Khaimah(AURAK)	Ras Al Khaimah
	· 2009년 설립 · 단과대학: 문리대학(College of Arts and Sciences), 경영대학, 공과대학	
12	Higher Colleges of Technology	Abu Dhabi
	· 1988년 설립 · 16개 캠퍼스 · 단과대학: 미디어대학(applied media), 컴퓨터정보과학대학, 교육대학, 공학기술과학대학, 보건과학대학, 경영대학	
13	The British University in Dubai(BUD)	Dubai
	· 2003년 설립 · 연구기반대학 · 단과대학: 법학과, 회계재무학과, 전자기계공학과, 컴퓨터 과학(인공 지능)과 컴퓨터 과학(소프트웨어 공학)과	
14	University of Dubai	Dubai
	· 1997년 설립 · 단과대학: 두바이경영대학, 공학·정보기술대학, 법학대학	
15	American University in the Emirates(AUE)	Dubai
	· 2006년 설립 · 단과대학: 경영대학, 컴퓨터정보공학대학, 디자인대학(College of Design), 교육대학, 법학대학, 미디어·매스커뮤니케이션대학, 안보·글로벌대학	
16	Alfalah University(AFU)	Dubai
	· 2013년 설립 · 2015년 첫 학생 입학 · 단과대학: 경제학부, 공학부, 언론학부, 샤리아 학부, 법학부	
17	University of Wollongong in Dubai(UOWD)	Dubai
	· 1993년 설립 · 가장 오래된 비영리 사립대학 · 호주 교육과정 적용 · QS선정 196위(2021년 기준) · 단과대학: 경영대학, 컴퓨터과학대학, 공학대학, 보건대학, 정보기술대학, 언론대학(미디어)	
18	Gulf Medical University	Ajman
	· 1988년 설립 · 중동 최대의 사립 의과대학 중 하나 · 단과대학: 의과대학, 치과대학, 약학대학, 보건과학대학, 간호대학, 보건경영경제대학(CoHME)	
19	Manipal University, Dubai	Dubai
	· 2000년 설립 · Manipal Academy of Higher Education 분교 · 단과대학: 공학 IT 대학, 디자인 및 건축 대학, 생명과학대학, 경영대학, 미디어커뮤니케이션대학, 예술인문대학	
20	Al Ghurair University	Dubai
	· 1999년 설립 · Al Ghurair 그룹재단 · 단과대학: 건축디자인대학, 경영커뮤니케이션대학, 공학컴퓨팅대학, 법학대학	

*출처: 아랍콘텐츠사이트 www.almnsa.com
[2022 UAE 내 33개 대학 순위 universityguru.com]
평가기관: 1.THE World University Rankings-Times Higher Education
         2.Qs World University Rankings
         3.Scimago Institutions Rankings—Universities

그 외에도, UAE는 뉴욕대 아부다비 캠퍼스(NYU Abu Dhabi), 인시아드 아부다비 캠퍼스(INSEAD Middle East Campus), 파리 소르본대학교 아부다비 캠퍼스(Sorbonne University Abu Dhabi), 두바이 버밍엄 대학교(University of Birmingham Dubai-UOB)가 있다. 특히 파리 소르본대학교 아부다비 캠퍼스는 소르본대학교의 첫 해외 캠퍼스라는 점에서 UAE가 우수 해외대학을 유치하고자 하는 염원을 엿볼 수 있다.

〈사진3〉 UAE 칼리파대학교

III. UAE 주요 대학의 한국 기관(대학, 연구소, 기업 등)과의 교류 현황

〈표2〉 한국대학과 교류현황

연도	기관명	협력 내용
2015	서울대학교-UAEU(UAE대학)	· 교류협력 추진 방안 논의 · 양 대학 간 교류협력과 중·장기적으로 UAE에 진출한 국내 기업들과의 다자간 협력 등 산학협력 논의
2016	서울대학교 -UAE 칼리파대학(KU)	· 자연과학 분야 교류협력 방안 논의 · 학생 교환협력 방안 논의
2021	아주대학교 -아랍에미리트원자력공사	· 공동 추진 산업수학 세미나 · UAE 교육부 · 칼리파대학 참여
2022	한국기초과학지원연구원(KBSI) -UAE 칼리파대학(KU)	· SAN(Sas Al Nahkl) 캠퍼스에 한-UAE 공동 R&D 기술 센터 (Korea-UAE Joint R&D Technical Center-KUTC) 확장 및 이전 개소 · 원자력 분야 및 양국 과학기술 협력과 연구범위 확대 · 한국 연구자들에게 UAE 현지를 테스트베드로 활용할 수 있도록 현지 인프라 제공 · 고체전해질 공동연구, 코로나 19, MERS 진단 기술 개발 연구
2021	경북대학교 -AUD(American University in Dubai)	· 일반 및 학생교환 프로그램 협력
2021	세종학당재단-아즈만 대학교	· '아즈만 세종학당'개원 · 한국어·한국문화 보급
2018	KAIST-UAE 칼리파대학(KU)	· 4차 산업혁명 공동 연구 협약 체결 · 양국 간 신성장 동력 발굴 목적 · 4차 산업혁명 핵심기술 개발, 기존 공동연구협력 확대 및 촉진 · 공동 회의를 통한 정보 교환 · 한-UAE 원자력 고급 연구인력 양성 -실험실 및 시설 등에 인력 파견 -공동 연구 프로젝트 수행 · 보건의료: 의료와 빅데이터, 사물인터넷을 융합한 '스마트 헬스케어'시스템 연구 · 첨단과학: 무선전력전송차를 포함한 '스마트 교통 플랫폼' 개발 · 원자력 및 양자공학과 교수 칼리파대학 파견: -강의 및 공동연구 수행 -기술보고서, 실험 자료 공유
2018	한국화학연구원-UAEU	· 메르스 신속진단 기술 공동연구
2013	단국대학교-UAEU	· 학생 및 학술교류협정 체결
2016	경희대학교-Sharjah대학	· 양국 간 교류활성화, 해외교류협력, 학생교류를 위한 MOU 체결

2011	한국원자력연구소 -UAE 칼리파대학(KU)	· 원자력 안전 분야 연구협력 강화를 위한 MOU체결
2014	전남대학교-UAE 석유대학(PI)	· 전남대학교 학생들 UAE 석유대학 석사과정 첫 입학 · 한-UAE 에너지 분야 협력 MOU후속 조치
2018	고려대학교-UAEU	· 산학협력의 모범 사례 · 2015년 한-UAE 수자원 협력 MOU 후속 조치 · 한-UAE 해수담수와 공동연구 · 한국: 국토부, 수자원공사, 국토교통과학기술원 · UAE: 에너지산업부, 두바이 수전력청(DEWA), 아부다비 환경청(EAD) · KORAE(Korean Optimized of desalination integrated with Advanced Energy saving) 연구단 발족 · 중동맞춤형 저에너지 해수담수화 플랜트 기술 개발
2021	공주대-UAE 고등기술대학(HCT)	· 국제사진교류전 공동 개최 · Higher Colleges of Technology -12개의 단과대학 -1988년 설립 -UAE 내 최대 규모의 응용 고등 교육 기관 -아부다비 포함 전국 16개 캠퍼스
2021	한국원전수출산업협회(KNA) -UAE 5개 대학	· ENEC(UAE 원자력공사) 후원 · UAE 대학생 대상 제3차 온라인 인턴십 프로그램 운영 · 한-UAE 원자력 글로벌 청년인력 양성을 목표로 한 협력 사업 · 6주간 원전도입, 건설 및 운영 관련 핵심주제 20회 강의 +UAE 현지 전문가의 연계특강 11회

IV. 한국 학생 교류를 위한 UAE 내 추천 대학교

1. UAE 석유대학(The Petroleum Institute)

2001년 설립하였으며 아부다비석유공사(ADNOC), 아부다비 진출 주요 석유회사(BP, Shell)로부터 자금지원으로 운영되고 있다. 학부과정(5개 학과), 석사과정(5개 학과), 박사과정(6개 학과)이 있고 석유대학과 협력기관의 입학조건을 모두 갖춘 학생은 양 기관 간 공동프로그램으로 수업과 박사연구를 진행하고 협력기관에서 학위를 수여하는 것이 가능하다. 특히 석유대학과 협력하는 세계 수준의 대학교에서 박사학위를 받고자 하는 학생에게 최적의 기회를 제공하고 있다. 이 대학에서 취득한 학위는 해외 협력 기관에서 인정받을 수 있다. 일반석사과정의 연간 수업료는 13만 디르함(약 35,000달러)이며 일정한 요건을 충족할 경우 50%까지 수업료가 감면된다. 석·박사연계과정 장학생에게는 수업료, 기본생활비, 기숙사, 의료보험이 포함된 패키지를 지원한다. 그 밖에도 연구조교나 강의조교의 경우 기본지원 이외의 추가지원이 가능하다.

2. MBZUAI(Mohamed bin Zayed University of Artificial Intelligence)

2019년 아부다비 정부는 세계 최초 인공지능 분야 전문 대학교 설립안을 발표했다. 이는 세계 최초로 AI 업무 총괄 장관급 자리를 신설한 이후 후속 조치에 따른 것이다. 그 결과, 4차 산업 시대를 맞아 인재 육성을 위한 세계 최초 AI대학이 설립되어 2020년 8월 첫 학기가 시작되었다. 이 대학교는 수도인 아부다비 마스다르(Masdar) 시티에 위치해 있으며 대학교 설립 발표 후 3,000건 이상의 지원서가 접수되었다. 주요 신청국은 UAE를 비롯하여 사우디아라비아, 알제리, 이집트, 인도, 중국 등 다양하다. 주요 교육 분야는 머신러닝(Machine Learning), 컴퓨터 비전(Computer Vision), 자연어 처리(Natural Language Processing) 등이다. 석사·박사 과정을 전문으로 하며 학생 전원에게 전액 장학금, 매월 수당, 건강보험료, 주거 등의 혜택을 제공하고 있다.

V. 시사점

지금까지 UAE의 대학교육에 대하여 교육정책, 대학교 현황 등을 살펴보았다. 또한 한국과 UAE 대학 간 교류, 대학-기업 간 산학협력의 사례 등을 알아보았다. 지금까지의 연구를 바탕으로 향후 한국과 UAE 간 교육 분야에 있어서의 교류 증가와 협력 강화를 위한 몇 가지 제언을 하고자 한다.

1. 한국의 UAE 교육 분야 관련 프로젝트에 적극적인 참여

UAE는 2021년 9월 5일 '프로젝트50' 계획을 발표했다. '프로젝트50'은 건국 50주년을 기념하고 향후 50주년을 바라본다는 의미로서 제목에 맞추어 총 50개의 세부 프로젝트로 구성되어 있다. '프로젝트50'은 다음 세대를 위한 차기 성장 동력 발굴을 목표로 하고 있다. '프로젝트50' 발표 이후 UAE는 2021년 9월 12일, 240억 디르함(한화 7조 6,545억 원) 규모의 추가 세부 계획을 발표하였으며 비자 및 취업 허가 개편을 통한 우수 인재 확보, 해외 투자 유치, 4차 산업혁명 분야의 선도적 기업 양성 등의 내용을 포함하고 있다. 이를 통해 UAE 국내기업 500개를 설립하여 양성하고, 프로그래머 10만 명을 유치할 목표다. 그 밖에도, 첨단 기술 개발을 지원하고 궁극적으로는 민간 분야에서의 경제 성장과 일자리를 창출하고자 한다. 특히 보건, 회계, 컴퓨터 프로그래밍 등의 분야에서 UAE 국민을 위한 일자리를 75,000개 창출할 계획이다. 프로젝트의 실현을 위해 한국을 포함한 8개국과 포괄적 경제 협력 협정을 체결하고자 한다. 이러닝 교육 제도, 특히 스마트러닝 시스템 등 최첨단 교육 제도를 시행해 오고 있으며 관련 분야에서 축적된 경험과 노하우를 자랑하는 한국으로서는 UAE 교육 분야에 진출할 수 있는 기회로 삼아야 한다.

-다음 50년을 위한 프로젝트(Projects of 50) 중 현재 공개된 13개 프로젝트

〈표3〉 50년을 위한 프로젝트 중 공개된 13개 프로젝트

1	비자 및 취업 허가의 현대화
2	포괄적 경제 협력 협정
3	UAE의 미래를 준비하는 디지털 이니셔티브 -데이터 법 -1일 100명의 컴퓨터 프로그래머 교육 양성 -파이콘(PyCon) 서밋
4	4차 산업혁명 네트워크를 통한 500개의 신생 기술기업 설립
5	기업 환경 경쟁력 강화 -10×10: 중국, 영국, 네덜란드, 이탈리아, 러시아, 폴란드, 룩셈부르크, 호주, 뉴질랜드, 인도네시아 10대 시장에 대해 UAE의 연간 수출 성장률 10% 달성 목표 -새로운 전자 포털인 invest.ae 출범 -에미리트 투자 서밋(Emirates Investment Summit) 개최
6	현지 조달부품 의무 사용(ICV) 프로그램 (National In-Country Value, ICV)
7	국산화 프로젝트 지원을 위한 50억 디르함 배정
8	산업계의 4차 혁명을 지원하는 "테크 드라이브"

* 출처: 서울핀테크랩, 보도자료 참고:https://seoulfintechlab.kr/wp-content/uploads/2021/10/UAE

2. 한-UAE 간 교육분야 협력대상 확대의 필요성

2019년 한양대에서 수행한 'UAE 앰버서더 프로그램' 등을 활용하여 대학교뿐만 아니라 고등학생을 위한 다양한 교육 프로그램을 개발하여 수행할 것을 제안한다. 한양대는 국내 대학으로는 최초로 UAE의 우수 고교생에게 이공계열 단기 집중교육 프로그램을 제공하여 프로그램을 이수한 학생들에게 수료장을 발급하였으며 이 프로그램은 국내 대학이 UAE를 비롯한 중동 국가에 진출할 수 있는 발판을 마련하였다는 평가를 받고 있다. 이 프로그램을 계기로 하여 주오만 한국대사관 홈페이지에는 오만 고교생이 한국 학교에서 유학할 수 있는 지원제도가 있는지에 대한 문의가 쇄도하고 있다. 또한 정규학위 과정 외에도, 오만 의사들을 위한 국내 단기 연수 등의 교육 프로그램도 확대할 필요가 있다. 지난 2019년 3월 24일 오만 의사협회 대표단은 서울을 방문하여 서울대병원, 삼성서울병원 관계자들과 회의를

갖고, 오만 의사들이 한국의 선진 의료시스템을 경험하고 노하우를 익힐 수 있도록 협력해 줄 것을 요청한 바 있다.

이와 같이, 보다 많은 오만 학생들이 한국대학교에서 유학을 할 수 있도록 인원을 확대하고, 의사 단기 연수 등 교육 대상과 분야를 확대하도록 제안한다.

3. 한국 학생들의 UAE 석유대학교(PI) 등 전문 교육기관으로 진출 확대의 필요성

석유탐사·개발·생산 분야의 전문인력이 절대적으로 부족한 우리나라로서는 현장과 연계된 석유전문가 양성기관인 UAE 석유대학교(PI)를 통해 최고급 인재를 육성할 수 있는 기회로 활용해야 한다. PI 졸업 시 국내 및 중동지역 현지에 취업이 가능하며 현지 학생들 이외에도, 국내 교수진 연수 파견을 통해 석유 분야 선진기술을 습득할 수 있는 기회도 가능해진다.

4. UAE 교육 기자재 시장 내 유망한 ICT 기술과 융합된 스마트 교육 시스템 협력 강화의 필요성

UAE 스마트 교육 시장은 아직까지는 초기 단계로서 교육 인프라에 대한 수요가 증가할 것으로 보임에 따라 UAE 정부의 교육부문에 대한 투자 또한 지속적으로 증가할 것으로 예상된다. 스마트 교육 기자재 분야에 있어 세계 최고 수준인 한국은 스마트 교육 시스템뿐만 아니라 교육 기자재 등의 수출도 확대할 필요가 있다. UAE로의 수출이 확대되면, 카타르, 쿠웨이트 등 주변 GCC[1]국가로의 수출 또한 용이할 것으로 보인다.

---

1 걸프협력회의(Gulf Cooperation Council: GCC)로서 걸프지역에 위치한 국가들 간의 경제 협력체이다. 회원국은 바레인, 쿠웨이트, 오만, 카타르, 아랍에미리트, 사우디아라비아 등 총 6개국이다. 1981년 5월 25일 설립되었다.

5. 보건의료 분야 협력 강화와 관련 교육 확대의 필요성

UAE 아부다비보건청은 2022년 최근, 국내 13개 의료기관과 환자 송출 계약을 갱신했다. 이와 관련하여 한국보건산업진흥원과 UAE 아부다비보건청, 아부다비공중보건센터 간 체결한 MOU는 양국 간 의료서비스 제공자를 위한 교육 및 임상연구를 확대하고 온라인 및 임상 연수 프로그램, 공공 의료정책 연수프로그램개발 협력 등을 내용으로 하고 있다. 서울대병원의 UAE SKSH병원 위탁경영 계약 갱신을 계기로 국내 대형병원의 해외 진출이 더욱 가속화될 것으로 보인다. 위드 코로나 시대에 양국의 보건의료 산업 발전을 위한 양국 간 협력이 그 어느 때보다 절실한 시점에서 학계 차원에서 보건의료 분야에 기여할 수 있는 교육 방안을 모색하여 실천할 것을 제안한다.

〈사진4〉 쉐이크 칼리파 전문 병원, 서울대 분당병원이 위탁운영

6. UAE 교원 역량개발 참여

UAE는 2009년부터 자국의 교원을 양성하여 교사의 90%를 자국민으로

교체하는 정책을 추진해 오고 있다. 이와 관련하여 국내에서는 한국교육과
정평가원, 한국교원대학교, EBS 등 협력이 가능한 기관을 활용하여 스마트
교과서를 활용한 수업 노하우 전수, 최첨단 정보통신기술(ICT)을 적용한 학
교시설과 관련한 기술을 전수할 방안을 모색할 것을 제안한다.

7. UAE 학생들의 국내 대학 유치 및 산학협력 확대

한-UAE 간 체결한 반도체 협력 MOU(2010년) 등의 사례를 활용하여 UAE
학생의 한국 유학을 추진하거나 국내 반도체기업에서 인턴십을 할 수 있는
기회를 제공하는 등 국내에서 UAE 학생들을 유치할 수 있는 다양한 방안을
모색할 것을 제안한다. UAE 진출 방안으로는 UAE 내 반도체 직업훈련기관
을 구축하고 운영하는 데에 있어 협력하고, 양국 공동 R&D를 추진하는 등
다양한 관련 분야에서의 협력이 가능할 것으로 보인다.

참고자료 —————

"UAE 내 대학교 현황", https://www.universityguru.com/ar/aljamieat/(검색일: 2022
　　년 01월 15일)

"UAE 고등교육 기관 홈페이지", https://u.ae/ar-ae/(검색일: 2022년 01월 02 일)

"UAE 내 상위 대학교 랭킹", https://www.arageek.com/(검색일: 2022년 01 월 10일)

"아랍에미리트 대학교 홈페이지",https://www.uaeu.ac.ae/ar/(검색일: 2022년 01월 04일)

"UAE 상위 10대 대학교", https://lookinmena.com/top-10-uae-universities/(검색일
　　: 2022년 01월 08일)

"경제외교활용포털-정부후속조치",https://president.globalwindow.org(2018/11/01)
　　/(검색일: 2022년 01월 03일)

"대한민국 정책브리핑", https://www.korea.kr/news/pressRelease(2018/11/02)(검색
　　일: 2022년 01월 03일)

"두바이 지식촌",https://selecttrainingsolutions.com/venue/(검색일: 2022년 2월 25일)

"2022 아랍에미리트 진출전략", https://dream.kotra.or.kr/kotranews (2019/11/04)/
　　(검색일: 2022년 01월 04일)

"한국무역협회 해외시장 뉴스", https://kita.net/cmmrcInfo/cmmrcNews/over
　　seasMrktNews (2019/10/17)(검색일: 2022년 01월 05일)

"세계 대학 정보" https://www.healthcarestudies.kr/(검색일: 2022년 01월 03일)

"MBZUAI", https://newsbeezer.com(검색일: 2022년 01월 05일)

쿠웨이트

김재희*

Ⅰ. 쿠웨이트 개황

쿠웨이트는 아시아대륙에서는 서남쪽, 아라비아해 북쪽 끝인 아라비아
만(Arabian Gulf, 페르시아만이라고도 함) 북쪽에 위치한다. 수도는 쿠웨이트시티로
서 국명과 같다. 인구는 2021년 기준 약 430만 명이며 인구의 70%가 외국
인이다. 연간 인구성장률은 2.9%, 국교는 이슬람이며 전 국민의 85%가 무
슬림이다. 면적이 17,818㎢로 작지만, 석유 수입으로 인해 단기간에 눈부신
경제발전을 실현했고 교육에 지대한 관심을 두고 막대한 투자를 하고 있
다. 그 결과 쿠웨이트는 전 아랍국가들에서 온 학생들이 모여 공부하고 싶
어하는 교육중심지가 되었다.

---

* 서강대학교 유로메나연구소 책임연구원.

II. 쿠웨이트 교육 정책

쿠웨이트는 1961년 영국으로부터 독립한 후 5년 만인 1966년 첫 국립대학교인 '쿠웨이트대학교'를 설립하는 등 일찍부터 교육에 집중해 왔다. 쿠웨이트 헌법 제40조에 명시된 바에 따라 쿠웨이트는 모든 자국민에게 무상으로 고등교육을 받도록 하고 있다. 유네스코 자료에 따르면, 25세~64세의 쿠웨이트인의 문해율은 96.3%로 중동·아프리카(MEMA) 지역의 평균 80%보다 높다. 또한 15세~24세의 쿠웨이트인 99.9%가 글을 읽고 쓸 수 있어, MENA 지역 평균 89.6%보다 높다. 2015년 세계은행 통계에 따르면 쿠웨이트 15세 이상 교육인구 중 여성은 99.4%로 96.4%인 남성 동급생을 앞질렀다.

2005년 여성 참정권 법안이 통과된 후 2007년에 여성이 처음으로 선거에 참여하기도 했다. 그 후, 여성의 정계를 포함한 사회 진출비율도 높아 국회의원, 장관 등 정부부처에서 고위직을 맡기도 한다.

1. 쿠웨이트 교육 목표

쿠웨이트는 교육을 통해 개인의 권리 강화, 정신적, 사회적, 심리적 성장, 사회 발전에 기여할 수 있는 역량 제고를 위한 모든 가능성을 극대화하고자 한다. 쿠웨이트 교육의 기본 목표는 (1) 학생들이 일을 하며 살 수 있도록 능력 강화, (2) 아랍 및 이슬람 유산에 대한 관심 제고 및 세계 문화 습득, (3) 지속적으로 교육 제도 및 학교 발전, (4) 교육 분야에 참여할 수 있는 인력 개발 등이다.

쿠웨이트 교육의 장점은 (1) 쿠웨이트 국민은 남녀노소 모든 계층을 막론하고 평등한 교육을 제공한다. (2) 교육은 국민의 의무이며 무상이다. (3) 교육을 생산과 노동환경과 연계해 준다. (4) 교육에 대한 수준과 역량이 뛰어나다. (5) 자기 계발과 학생들이 올바른 사고를 확립하는 일을 돕는다. (6) 학생들이 지속적으로 교육을 받아 지식을 축적하도록 돕는다.

2. 쿠웨이트 교육 소관 부처

쿠웨이트 교육을 담당하는 기관은 교육부와 고등교육부가 있다. 교육부는 일반 학교 행정, 장애인 학교 행정 및 기술·직업 학교 행정을 담당한다. 1988년에 신설한 고등교육부는 대학교와 응용 교육 및 학문연구를 관할한다. 교육이 쿠웨이트 사회에 어떻게 기여할 수 있는 지를 연구하고 대학이든 교육 기관이든 고등교육 발전을 위해 효율적인 계획을 수립하고, 인력개발을 위한 교육과정을 마련하며, 학문연구 발전을 위해 다양한 교육 기관과 협업하기도 한다. 고등교육부는 자국 학생들이 전 세계에 있는 대학교에서 교육 및 실습을 할 수 있도록 파견하는 일을 담당하며 학부 및 석사, 박사 과정을 해외에 있는 학교에서 마치고자 하는 자국 학생들을 위해 해외 쿠웨이트 문화원과 협력하여 학생들의 전공과 희망을 고려하여 적절한 학교를 추천해주기도 한다. 2021-2022년도 해외 유학생 현황과 관련한 통계를 보면 다음과 같다.

〈그림1〉 2021/2022년도 본 계획에 따른 유학생 수

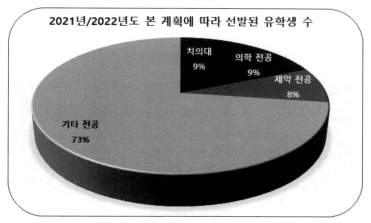

2021년/2022년도 본 계획에 따라 선발된 유학생 수

치의대 9%
의학 전공 9%
제약 전공 8%
기타 전공 73%

* 출처: 쿠웨이트 고등교육부 홈페이지

2021년/2022년도 본 계획에 따라 선발된 유학생 수는 모두 3,311명이었다. 그 중에서 치의대가 302명으로 9%, 약학 전공이 314명으로 9%, 제약 전공이 280명으로 8%, 나머지는 전기 공학, 토목 공학, 컴퓨터 공학 등 기타 전공이 2,415명 즉, 73%를 차지하고 있다.

〈그림2〉해외 유학 국가들

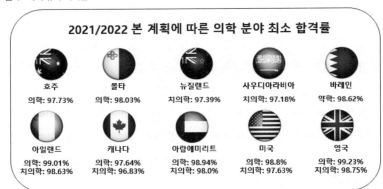

* 출처: 쿠웨이트 고등교육부 홈페이지

〈그림3〉최근 유학생 수 변화

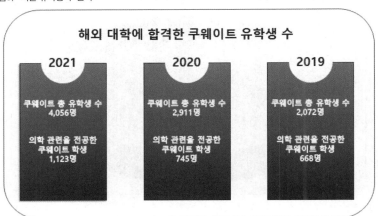

* 출처: 쿠웨이트 고등교육부 홈페이지

　주로 쿠웨이트 유학생이 선호하는 국가들을 보면 영국(의학), 미국(의학), UAE(의학), 호주(의학), 캐나다(의학, 치의학), 사우디(치의학), 뉴질랜드(치의학), 프랑스(행정학), 기타 말타(의학), 바레인(의학), 아일랜드(의학, 치의학) 등이다.

　최근 몇 년간 해외 대학으로 유학하는 쿠웨이트 학생 수가 늘어나고 있음을 위의 표를 통해 알 수 있다. 즉, 2019년 총 2,072명의 쿠웨이트 학생이 해외 대학으로 유학했으며 그중 의학 관련을 전공한 쿠웨이트 학생은 모두 668명이다. 2020년에는 총 2,911명으로 증가했고 이 중에서 745명의 학생들이 의학 관련 전공을 선택했다. 2021년에는 4,056명으로 크게 증가했고 의학 관련 전공을 택한 학생 수도 1,123명에 이르렀다.

III. 쿠웨이트 대학교 현황

　쿠웨이트에는 전 세계적으로 인정받는 높은 수준의 국립 및 공립 교육 기관들이 있다. 대학교육 수준이 높아 쿠웨이트 대학에서 받은 학위는 중동지역에서 가장 영향력 있는 학위로 인정받고 있다. 쿠웨이트는 국립대학교와 사립대학교가 있으며 그 외에도 영어로 모든 강의가 진행되는 외국 대학교도 있다. 그중에는 쿠웨이트 고등교육부에서 인정한 대학교도 있지만, 인정받지 못한 대학교도 있다. 만일 인정받지 못한 대학교에서 학위를 취득했을 경우에는 학위를 인정받기 위한 일정 기간 동안 업무 등 추가 규정을 준수해야 한다. 정규 학위과정 이외에도 쿠웨이트 공공교육청(PAAET)은 일정한 학업과정을 수료한 학생들에게 다플로마(Diploma)를 발급해 주고 있다. 쿠웨이트 국립대학교는 100% 정부로부터 재정적인 지원을 받으며 행정과 학문 및 연구에 있어 독립 기관이지만 반드시 쿠웨이트 국가의 정책과 법령을 따라야 한다. 반면에 사립대학교나 비영리 대학교는 정부의 대학교 관련 법규를 따르고 있으며 기부금, 연구 컨설팅, 그 외 등록금 등의 독립된 재정 수입원으로 운영하고 있다.

非자국민이 쿠웨이트 내에서 공부하고자 할 경우, 다른 아시아 국가보다 학비가 비싼 편이다. 일부 과정은 학비가 미국보다 높지만, 평균적으로 대부분의 쿠웨이트 대학에서의 학비는 연간 약 6,500~7,500달러에 달한다. 또한 외국인 학생들은 학비 외에도 월 1,000~1,500달러 정도의 생활비를 부담해야 한다.

쿠웨이트는 국립대학교 외에 고등교육의 질을 향상하고 학생들에게 기회를 다양화하고 시대의 흐름에 부합하기 위해 2000년 법령을 개정하여 사립대학교와 단과대학 설립을 허가했다. 이를 통해 쿠웨이트에는 12개의 사립대학교와 단과대학이 신설되었다. 이를 포함하여 쿠웨이트에는 6개의 대학과 25개의 국립 및 사립 종합대학, 단과대학, 그리고 외국 대학이 있다. 간략하게 살펴보면 다음과 같다.

〈표1〉 쿠웨이트 대학교 명단

학교명	구분	특징
Kuwait University	국립	· 1966년 설립 · 16개 단과대학: 보건대학, 건축대학, 인문대학, 경영대학, 컴퓨터과학공학대학, 치과대학, 교육대학. 공학석유대학, 법학대학, 생명과학대학, 의학대학, 약학대학, 공중보건대학(Public Health), 자연과학대학, 샤리아이슬람학대학(Sharia and Islamic Studies), 사회과학대학 · 수도 쿠웨이트 시티를 포함하여 6개 캠퍼스 · 중동지역 137위 · 전 세계 2677위 · 2019년 전국 캠퍼스 통합을 위해 샤다디야(Al Shadahiyah) 캠퍼스 출범

Arab Open University in Kuwait 	사립	· 2002년 설립 · 비영리대학 · 아랍어 & 영어 · 메인 캠퍼스: 쿠웨이트 · 그 외: 사우디아라비아, 이집트, 요르단, 레바논, 바레인, 수단, 오만, 팔레스타인에 캠퍼스가 있다. · 단과대학: 경영대학, 컴퓨터대학, 언어대학 
American University of the Middle East (AUM) 	사립	· 2007년 설립 · 아랍어 & 영어 · 학부과정 및 석사과정 · 단과대학: 공과대학, 경영대학 
American University of Kuwait 	사립	· 2003년 설립 · 2004년 첫 입학 · 4개 단과대학: 예술 과학 대학, 공학-응용과학대학, 경영경제대학 · 미국 Dartmouth College와 자매결연 

The Public Authority for Applied Education and Training(PAAET)	정부	· 1982년 설립 · 국가 산업·경제 개발을 위한 기술인재 양성을 목적으로 설립한 교육·연구기관 · 5개의 단과대학과 9개의 연구소 포함 학술기관 · 단과대학: 기초교육대학, 경영대학, 기술대학, 보건과학대학 · 일반교육 단과대학은 현재 자비르 알아흐마드 대학으로 이전 
Australian College of Kuwait(ACK) 	사립	· 2000년 설립 2003년 개교 · 단과대학: 공학대학, 경영대학, 항공대학 · 공학 전문 · 쿠웨이트 최초의 사립 대학 중 하나 
Gulf University for Science and Technology (GUST) 	사립	· 2002년 설립 · 걸프과학 기술 대학 · 쿠웨이트 최초의 사립 대학 · 단과대학: 문리대학, 경영대학 

Kuwait College of Science and Technology(KCST)	사립	· 2016년 설립 · 단과대학: 공학대학, 경영대학, 재단 프로그램 KUWAIT COLLEGE OF SCIENCE & TECHNOLOGY كلية الكويت للعلوم والتكنولوجيا Private University جامعة خاصة
Maastricht School of Management-Kuwait(MSM)	사립	· 2003년 설립 · 네덜란드 마스트릭트 파트너십 경영 대학원 · 2년 반 석사과정 MSM Kuwait MAASTRICHT SCHOOL OF MANAGEMENT
Kuwait Technical College(KTECH)		· 2014년 설립 · 전문대학 · Microsoft, Cisco Networking, CompTIA 등 IT분야 · 단과대학: 정보시스템경영(IT)대학, 경영대학 kuwait technical college كلية الكويت التقنية
자비르 알아흐마드 대학	국립	· 2012년 설립 의결 · 4개 단과대학 · 故 쉐이크 자비르 알아흐마드 알자비르 앗싸바-흐 쿠웨이트 국왕이름

Box Hill College Kuwait(BHCK)	사립	· 2007년 설립 · 최초의 여자대학교 · 쿠웨이트 내 유일한 여자대학교 · 호주 Box Hill 연구소 확장 캠퍼스 · 6개 학과 · 단과대학: 응용예술 및 디자인 대학, 경영대학, 집중 영어 프로그램
Algonquin College (AC-Kuwait)	사립	· 2010년 설립 · 정보기술 및 비즈니스 전문 대학 · 단과대학: 영어대학, 첨단기술대학, 경영대학, 평생 교육 및 지역 사회참여 대학
사바하 앗 쌀림 대학 도시(SSUC)	정부	· 2004년 설립 · 통합 대학 캠퍼스 · 공학 및 석유 칼리지 등의 단과 대학들
기타 군사 단과대학	국립	· 아흐마드 자비르 공군 아카데미 등 4개

* 출처:https://www.universityguru.com/ar/aljamieat-kuwait]

평가기관:
- Webometrics Ranking Web of Universities
- THE World University Rankings-Times Higher Education
- QS World University Rankings
- Scimago Institutions Rankings-Universities

다음에서 주요 대학교를 상세히 살펴보자.

1. American University of the Middle East(AUM)

〈사진1〉 쿠웨이트 중동아메리칸 대학교(AUM)

2005년에 설립된 사립대학교로서 고등교육 분야에 있어 선도적인 교육기관으로 손꼽힌다. 미국의 보르도대학과 협업으로 운영된다. 2021년 전세계 가장 우수한 1,000 대학교에 등재되었으며 2020년 UI Green Metric 평가에 따르면 가장 지속가능한 대학으로 분류되었다. QS 평가에 따르면 전 세계 대학교들 중 2022년 751-800위를 차지하였고, 아랍지역 내에서는 51-60위를 차지했다. 전공별 평가 순위를 보면 2022년 'Business and Management Studies'가 541-500위에 올랐다.

2. Gulf University for Science and Technology (GUST)

〈사진2〉 GUST전경

   2002년 쿠웨이트 내에서는 최초의 사립대학교로 설립되었다. 사립대학교 이사회로부터 인증을 받았으며 특히 'Business Management' 단과대학은 최고 국제 공인 인증처인 AACSB의 명예 회원이기도 하다. 교육역량과 제도가 우수한 것 외에도 타 대학에서 복수 등록이 가능한 강점 덕분에 지속적으로 평균 입학생수가 증가하고 있다. 2007년 첫 졸업식에서 400명의 졸업생에게 학위를 수여했으며 대다수가 쿠웨이트 내 다양한 기관으로부터 구인요청을 받았다.

3. Kuwait University(KU)

   쿠웨이트 대학교는 1966년 설립한 최초의 국립대학이다. 원칙적으로 쿠웨이트 자국민만을 대상으로 무상 고등교육을 실시하고 있다. QS 평가기관에 따르면 2022년 1001-1200위를 차지했지만 Engineering & Petroleum

분야는 51-100위 사이이다. 동 기간 아랍지역 내에서는 22위로 분류되었다. 외국인 학생 수는 2022년 기준 5,235명이다. 설립 당시 418명의 학생에서 38,000명으로 증가했다. 외국인은 특정한 조건을 충족하면서 교육부 장관이 승인하는 예외적인 경우(쿠웨이트 정부초청장학생 등)에는 입학이 가능하며, 매년 한국 정부의 추천으로 선발된 일정 수의 한국 대학생들이 쿠웨이트 정부 초청 장학생으로 아랍어 언어연수과정(1년)을 이수하고 있다. 현재 아랍어과에 다니는 학생만을 초청하고 있어 앞으로 교양과목으로 듣는 학생들도 기회가 주어지고 다른 대학들에게도 기회를 줄 필요가 있다고 본다.

〈사진3〉 쿠웨이트 대학교 정문

2022년 5월 세종학당대표단이 쿠웨이트대학을 방문하여 쿠웨이트대학 내 세종학당 설립 방안을 논의했다. 이를 통해 쿠웨이트대학은 국내대학생들을 위한 아랍어 교육뿐만 아니라, 쿠웨이트 내 한국어 및 한국문화교육의 중심지가 될 예정이다.

د.يوسف الرومي خلال استقبال الوفد الكوري

وفدا من مؤسسة معهد الملك سيونج من جمهورية كوريا الجنوبية يزور جامعة الكويت

〈사진4〉 쿠웨이트대학 내 세종학당 설립방안 논의

4. 자비르 알아흐마드 대학교

2012년 4월 26일 쿠웨이트 의회의 만장일치로 설립이 결정되어 왕령이 공포된 지 3년 만에 정식으로 설립되었다.

5. Arab Open University in Kuwait

쿠웨이트 오픈대학은 비영리대학으로서 우수한 교육과정이 강점이며 영국 오픈대학 과정의 인정을 받는다. 학비가 면제이며 졸업생은 2가지 학위를 받을 수 있어 취업에 유리하다. 10년 동안 5천 명의 졸업생을 배출하였으며 정부 및 민간 분야에서 근무하고 있다.

〈사진5〉 쿠웨이트 아랍오픈대학교

6. 기타 대표적인 교육 기관: 공공교육청(PAAET)

1982년 설립되었으며 중동에서 가장 최대 규모의 교육 기관이다. 산업·경제 개발을 위한 기술인재 양성을 목적으로 설립하였으며 기초교육·경영·공학·보건 등 4개 분야 칼리지와 6개 훈련기관으로 구성되어 있다. 쿠웨이트 정부는 공공교육청(PAAET)과 쿠웨이트 대학교의 알샤다디야(Al-Shedadiyah) 통합 건물 건설을 위해 수백만 디나르를 배정했다.

〈사진6〉 쿠웨이트 공공교육청

IV. 한-쿠웨이트 산학 교류 현황

사례 1. 목포해양대학교-쿠웨이트 정부

· 2017년 시행
· 내용: 쿠웨이트 정부 공무원대표단이 목포해양대학교를 방문하여 쿠웨이트-목포해양대학교 간 외국인 유학생 유치 및 쿠웨이트 해양 기반 시설에 대한 연구 협력 논의

사례 2. BNF테크놀로지-쿠웨이트 대학

· 2012년 시행
· '석유화학플랜트에 PHI적용' 공동연구 개발 사업 추진 협약
  내용: KNPC(Kuwait National Petroleum Company) 및 PIC(Petrochemical Industries)와 PHI(Plant Health Index) 파일럿 프로젝트 진행
  ※ PHI: BNF테크놀로지가 자체 기술력으로 개발한 소프트웨어로 플랜트의 센서, 기기, 프로세스의 비정상 상황에 대해 컨디션 모니터링 방식을 이상 상태를 사전에 찾아내는 조기경보·예측진단 솔루션

사례 3. 한양대 PAAET(The Public Authority for Applied Education and Training) 산하 쿠웨이트센터 설립

· 2016년
· 설립 목적 및 임무:
  - 쿠웨이트를 비롯하여 사우디아라비아, 아랍에미리트, 카타르, 오만 등 이 지역의 우수학생을 석·박사 학위과정으로 초청
  - 한양대 학생들을 중동 국가의 우수 교육 기관으로 유학

- 교수 교환제도와 학술 교류프로그램 운영
· 의의: 국내대학의 쿠웨이트를 비롯한 중동지역 진출의 발판 마련

V. 시사점

지금까지 쿠웨이트의 교육 정책과 대학교 현황을 살펴보았다. 또한 한국과 쿠웨이트 대학 간 혹은 대학교-기업 간 산학 협력에 관해서도 간략하게 알아보았다. 지금까지의 연구를 바탕으로 향후 쿠웨이트의 교육 발전을 위해 한국이 기여할 수 있는 부분과 한국과 쿠웨이트 간 대학교 또는 민간 기업 간 산학협력에 관하여 몇 가지를 제안하고자 한다.

1. 쿠웨이트 교육 발전을 위한 한국의 적극적인 참여

쿠웨이트 대학교는 지난 1월 헬싱키대학 교육학 단과대학과 "새로운 시대 새로운 비전"이라는 주제로 고등교육 분야에 있어 학문적인 발전을 위해 회의를 가진 바 있다. 회의는 고등교육 관련 교수, 연구자, 전문가, 대학원 과정생, 현장 관계자들이 함께 모여 쿠웨이트 고등교육 발전 방안을 논의하기 위함이었다. 특히 참석자들은 고등교육에 있어 법적 측면, 비상시 고등교육 행정, 고등교육의 학업 인증, 대학교 평가 및 고등교육의 학문적 발전 등 전방위적인 주제를 토론했다. 쿠웨이트 학교들은 현재 코로나 팬데믹으로 인해 '앗타야무즈' 시스템을 통해 원격수업을 진행하고 있는데, 별 효과를 얻지 못하고 수업의 질 저하가 우려되는 등 부정적인 측면들에 직면하고 있다. 국내에서는 코로나 팬데믹 초기부터 적극적으로 초·중·고 및 대학교에서 원격수업과 비대면 수업을 실시하여 수업의 공백을 성공적으로 메우고 있다. 쿠웨이트 역시 점차적으로 대면 수업을 추진하고 있지만, 대학교 학생회에서 코로나 감염을 우려하여 대면수업을 거부하는 등

당분간 비대면 수업은 불가피할 것으로 보인다. 포스트 코로나 시대를 대비하여 국내에서의 성공 사례와 교육 시스템을 쿠웨이트가 활용할 수 있도록 협력할 것을 제안한다.

2. 쿠웨이트 스마트 시스템을 활용한 온라인 교육 확대에 한국의 적극적인 참여

쿠웨이트대학교는 2021/2022 학기에 학생, 교수, 교직원 전원이 백신 접종을 완료하는 것을 조건으로 대면 수업에 동의했다. 동시에 학생들의 과밀도에 따라 일부 대면 수업에 예외를 두기로 했다. 쿠웨이트 정부는 지난 2020년 코로나19 발병 당시 학교와 대학들을 가장 우선적으로 폐쇄했다. 쿠웨이트 PACI(Public Authority for Civil Information)에 따르면 2020년 12월 기준 쿠웨이트의 총 학생 수는 약 44만 578명이며, 이 중 쿠웨이트인은 26만 2882명이다. 코로나19 상황은 쿠웨이트 교육부 및 학교들의 노력에도 불구하고 쿠웨이트 교육에 큰 영향을 미치고 있다. 쿠웨이트 교육부는 전국 40만 명 이상의 교육자와 학생을 위한 온라인 학습 플랫폼으로 Microsoft Teams 와 Office 365를 채택했다. 학생들은 이 플랫폼을 통해 강의, 대화, 수업 콘텐츠, 과제 등에 접근이 가능하다. 일부 사립학교 및 외국인 학교 등에서는 Google에서 제공하는 행아웃, 구글클래스룸 등의 솔루션을 사용하는 학교도 있다. 오프라인 수업이 온라인 수업으로 변경되면서 온라인 수업에 참여하기 위한 IT기기에 대한 수요가 폭발적으로 증가했다. 위드 코로나로 전환되면서 대면 수업으로 늘고 있지만, 대부분의 학교들이 당분간 온라인 수업을 유지하겠다는 방침을 밝혀 향후에도 솔루션이나 관련 IT 장비에 대한 수요는 증가할 것으로 전망된다. 이와 관련하여, 2013년 SK건설이 쿠웨이트 남부 아흐마디(Ahmadi) 지역의 이븐 마지다(Ibn Majid) 초등학교에 쿠웨이트 최초로 스마트클래스를 지어 기부한 사례를 활용해 볼 만하다.

스마트클래스는 선생님과 학생들이 IT기기와 인터넷을 이용해 시청각

자료와 교육프로그램을 다양하게 수업에 활용할 수 있는 여건을 갖춘 교실로서 이를 계기로 모든 초등학교에 스마트클래스를 설치하겠다는 계획을 세우게 한 계기가 되었다. 이와 같이 대기업은 스마트클래스 등 환경 마련에 참여할 수 있는 방안을 모색하고 글로벌 기업들과의 경쟁이 상대적으로 어려운 중소기업들은 IT 디바이스 액세서리, 온라인 수업에서 활용 가능한 온라인 콘텐츠, 교보재 등의 분야로의 진출을 고려해 볼 것을 제안한다.

3. 쿠웨이트 정부 국비장학생 활용 확대

쿠웨이트는 외국인 학생들의 쿠웨이트 대학으로의 유학을 적극적으로 장려하고 있다. 정치적 혹은 경제적으로 불안정한 국가와 비교하여 비교적 정세가 안정적이고 안전한 쿠웨이트로 한국을 포함한 전 세계 학생들을 초청하여 공부할 수 있는 기회를 제공하고 있다. 공용어가 아랍어이지만, 영어도 통용되며 일부 대학들은 영어와 아랍어를 공용으로 사용하여 강의를 듣기에 지장이 없다. 쿠웨이트 정부는 매년 약 10여 명의 국내 아랍어 전공 대학생들을 초청하여 자국의 대학교에서 약 10개월 동안 어학연수를 실시해 주고 있다. 한때 아랍어과 학생들의 연수처로 환영받았던 이집트나 시리아가 정세가 불안하여 점차 학생들이 줄고 있어 대안이 필요한 상황에서 쿠웨이트는 치안도 안전하고 학교 수준도 높아 점차 학생들의 주목을 받고 있다. 특히 쿠웨이트 대학은 학생들에게 왕복 항공권과 어학연수비 면제, 숙식 제공 외에도 생활비를 지원하는 등 파격적인 인센티브를 제공하고 있어 향후 코로나 상황이 보다 안정되면 학생들이 몰릴 것으로 예상된다. 아랍어를 전공하는 학생들이 쿠웨이트 대학에서 아랍어와 아랍문화를 저렴하고 안정적으로 공부할 수 있는 기회를 확대할 수 있도록 대학 간, 혹은 정부 간 협력을 제안한다.

4. 양국 간 보건의료 협력의 확대

〈사진7〉 뉴자흐라 메디컬 시티-쿠웨이트

* 출처: 둘라뱅크(https://www.dullahbank.com/1508)

국내 서울대병원이 쿠웨이트와 1조 4,000억 원 규모의 병원 위탁 계약을 추진하고 있다. 국내 의료 수출 사례 가운데 가장 큰 규모로, 의료 수출 역사에 새로운 이정표가 세워질 것으로 전망된다. 서울대병원은 최근 쿠웨이트 뉴자흐라 병원 위탁운영 사업 수주가 임박했다. 서울대병원은 지난달 쿠웨이트 실사를 마쳤으며 이르면 새해 1월 최종 계약을 체결할 것으로 알려졌지만, 코로나19 상황으로 인력파견이 어려워지면서 일정이 다소 지연되고 있다. 서울대병원은 지난 2019년 12월 해외의료기관을 제치고 쿠웨이트 뉴자흐라 병원 위탁운영 우선협상대상자로 선정됐다. 뉴자흐라 병원은 쿠웨이트 자흐라 메디컬시티에 위치한 신축병원으로, 1,234개 병상을 갖춘 대형 병원이다. 서울대병원이 위탁 운영하는 아랍에미리트(UAE) 왕립 셰이크 칼리파 전문병원과 비교해도 병상 수만 5배 가까이 많다. 서울대병원은 환자 진료뿐만 아니라 시설 운영과 병원 경영, 병원정보시스템 구축, 의료진 교육을 포함한 병원 운영 전반을 수행하게 된다. 이와 관련하여 한국과 쿠웨이트 간 보건의료 분야에 있어 교육적인 측면의 협력이 확대될 가능성이 커지고 있다. 병원의 위탁경영뿐만 아니라 의사 연수 등의 의료진 교육, 공동 의료 연구, 공동임상 시험 등 대학간, 혹은 병원 간 협력가능한 사업을 추진할 것을 제안한다.

5. 국내 대학과 쿠웨이트 대학과의 협력 확대

기존에 협력하고 있는 국내 한양대학교와 목포해양대학교 외에 국내 대학교의 쿠웨이트 대학교와의 협력에 관심을 가질 것을 제안한다. 지난 2006년 한국국제교류재단의 초청으로 칼둔 하산 알 나킵(Dr. Khaldoun Hassan Al-Nakib) 쿠웨이트대학 사회과학부 교수가 한국을 방문한 바 있다. 당시 알 나킵교수는 서울대, 연세대 등을 방문하여 한국과 쿠웨이트 학자 간 학술 교류 증진 방안을 논의했었지만, 그 후 실질적인 성과로 이어지지는 못했다. 한편, 지난 2017년 쿠웨이트 고등교육부 장관은 카타르 내 텍사스, 콘웰 대학 등 우수한 외국 대학교 캠퍼스를 유치한 것을 계기로 카타르와 교육 분야에 있어 협력 강화를 목적으로 카타르를 방문했었다. 학문 및 연구에 있어 양국 간 협력뿐만 아니라 쿠웨이트 학생들을 카타르에 있는 대학교에 입학하여 교육받을 수 있는 기회를 희망하고 있다. 그 외에도, UAE 샤르자 대학이 쿠웨이트 고등교육부와 동반자 협정을 체결하고 쿠웨이트 학생들의 샤르자 대학 파견을 포함하여 공동 협력을 강화하고 지속가능한 교육 발전을 실현하기 위한 노력을 기울이기로 합의했다. 이와 같이, 쿠웨이트는 자국 학생들의 해외 대학 파견에 많은 관심을 갖고 있다. 많은 사우디아라비아 학생들이 한국에 있는 대학교로 유학하여 공부하고 산학협력을 통해 국내 기업 혹은 현지 기업에서 업무 경험을 쌓고 있는 상황을 감안하고 또한 위에서 언급한 바 있듯이, 의료보건 분야에서 양국간 협력이 더욱 확대될 것으로 전망되는 시점에서 우수한 쿠웨이트 학생들을 한국에 있는 대학교에 유치하여 공부할 수 있는 기회를 제공하고 학자 간, 교수 간 학술 교류를 확대하는 등 대학교 차원에서의 협력을 확대할 것을 제안하고자 한다.

참고자료 ────────────

"바레인에 유학중인 쿠웨이트 유학생 현황", 바레인 쿠웨이트 대사관 문화부,
    https://www.kcobh.org/(검색일: 2022년 2월 25일)

"쿠웨이트 대학 교육", 위키피디아, https://ar.wikipedia.org/wiki/(검색일: 2022년 2월
    25일)

"쿠웨이트 대학 기본 정보", https://www.almrsal.com/post/769844/(검색일: 2022년
    2월 20일)

"쿠웨이트 응용 교육 및 훈련청(The Public Authority for Applied Educationand Training-PAAET)"
    공식 사이트, https://e.paaet.edu.kw/AR/Pages/default.aspx/(검색일: 2022년 2월
    27일)

"쿠웨이트 과학기술 대학교"(Kuwait College of Science andTechnology(KCST)", https://www.
    kcst.edu.kw/(검색일: 2022년 03월01일)

"전 세계 대학교 장학금 사이트", https://studyshoot.com/(검색일: 2022년 2월 28일)

"쿠웨이트 대학교 순위", https://www.universityguru.com/ar/aljamieat-kuw(검색
    일: 2022년 03월 01일)

"쿠웨이트 내 사립 대학교 일반 정보", https://www.fekera.com/60471/(검색일:
    2022년 02월 22일)

"Arap Open University 공식사이트", https://www.aou.edu.kw/Pages/default.
    aspx(검색일 : 2022년 02월 19일)

"쿠웨이트 고등교육부 사이트", https://www.mohe.edu.kw/site/(검색일: 2022 년 2월
    10일)

"쿠웨이트 내 대학 교육 정보", https://mobt3ath.com/(검색일: 2022년 2월 10일)

"쿠웨이트 내 종합 대학교 및 단과 대학교 현황", https://e.gov.kw/sites/kgoarabic/
    Pages/CitizensResidents/Education/Universities.aspx(검색일:2022년 02월 18일)

"쿠웨이트 내 국립대학교 일반 정보", https://ma3loma.com/kuwait-certificate-equivalency/(검색일: 2022년 03월 05일)

"미국 내 쿠웨이트 유학생 연합", https://q8yusa.com/(검색일: 2022년 03월01일)

"쿠웨이트 내 인증받은 대학교 현황",https://www.dirasaabroad.com/recognized-universities-in-kuwait/(검색일: 2022년 02월 28일)

"2022년 쿠웨이트 내 인증받은 대학교 현황",https://www.mosoah.com/career-and-education/universities-and-colleges/recognized-universities-in-kuwait/ (검색일: 2022년 02월 13일)

"신흥지역정보 종합지식포탈",https://www.emerics.org:446/newsBriefDetail/(검색일: 2022년 03월 01일)

"코트라 해외경제정보 드림", 코트라, https://dream.kotra.or.kr/(검색일:2022년 3월 2일)

국토일보, "SK건설, 쿠웨이트서 '스마트클래스' 초등학교에 기부", 2013/01/23 http://www.ikld.kr/news/articleView.html?idxno=29318/(검색일: 2022년 03월 04일)

튀르키예

이양희*

Ⅰ. 서 언

튀르키예와 한국 관계는 튀르키예의 한국전쟁 참전 이후 혈맹 관계를 기반으로 돈독한 경제 협력 관계를 이어 나가고 있다. 2007년 한-터 수교 50주년을 기념하여 최초로 노무현 전 대통령이 튀르키예를 방문하였으며, 이명박 전 대통령은 튀르키예와의 관계를 전략적 동반자 관계로 격상시키면서 한-터 관계는 경제, 정치 등 긴밀한 협력을 필요로 하는 관계로 변화하였다. 이후 2013년 한-터 FTA 체결, 2014년 경주-이스탄불 엑스포 개최, 한-터 문학 심포지엄 등을 통해 경제 분야뿐만 아니라 양국 간의 문화 교류도 급속도로 확장되었다. 2018년에는 문재인 대통령과 에르도안 대통령이 한-터 정상회담을 개최하며 정무, 국방, 경제, 사회문화, 국제 협력 등 다각적인 양국관계 발전 방안에 대해 협의하였다. 이처럼 양국은 정상교류를 통해 제반 부문의 협력을 강화해 나가고 있으며, 정치, 경제, 문화 등 협력 분

---

* 한국외국어대학교 특수외국어교육진흥원 책임연구원.

야와 범위 역시 확대·심화되고 있다. 이러한 추세에 따라 자본과 인력, 정보, 지식, 기술 공유 역시 국경을 초월하여 활발하게 이루어지며, 공공부문과 민간부문, 학술부문 전반에 걸쳐 언어 교육을 비롯한 다양한 관련 분야의 교육 수요 역시 증가하고 있다.

튀르키예는 아시아와 유럽을 잇는 교두보의 역할을 하며, 더불어 중동, 중앙아시아, 아프리카를 연결하는 지리적 요충 지역이자 전략적 거점 지역이다. 또한 튀르키예는 이슬람 문화권 국가지만 유일하게 NATO 회원국이고, OECD, G20을 비롯한 MIKTA와 같은 협의체에 참여하고 있으며, 시장 잠재력, 저임의 풍부한 노동력, 거대시장 인접성을 토대로 신흥 시장으로서 주목받고 있다. 한국-튀르키예 자유무역협정(FTA)이 이루어지면서 양국 간 교역 증진으로 우리 기업 진출도 활발해졌다. 지속적으로 튀르키예와 한국 간 교류는 상품, 서비스, 투자 등으로 확대되어 가면서 이러한 협상은 교육 분야 개방의 새로운 환경에도 적용되고 있다. 양국의 유수 대학은 다양한 유형과 방식으로 대학과 교류하고 진출하며 기관별 교육 경쟁력을 강화하는 추세이다. 교육 분야 협력은 한국과 튀르키예의 우수한 재원을 발굴하고 확보할 수 있게 하며, 정치·경제·사회·문화 등 모든 분야를 망라하는 폭넓은 분야의 전문 인재 양성에 기여할 것으로 예상된다. 본고에서는 한국과 튀르키예의 고등교육 관련 정책 연구, 학생과 교원을 포함한 대학 간 교류, 교육과정 운영, 공동 연구 분야 확장 등 다각도로 교육 협력 현황을 살피고, 발전 가능 프로그램을 모색하는 것을 목표로 한다.

II. 튀르키예의 초·중등교육 현황

튀르키예는 남한의 약 7.8배에 달하는 넓은 국토 면적과 유럽에서 두 번째로 많은 인구를 보유하고 있다. 튀르키예 통계청(TÜİK: Tuürukiye İstatistik Kurumu)

제공 자료에 따르면 튀르키예의 전체 인구는 84,680,273명(2021년 기준), 남녀 성비는 남성 51.3%, 여성 48.7%로 나타나며, 이 가운데 만 15~24세 청년 인구는 전체 인구의 약 15.6%를 차지하고 있다. 유럽연합 27개 회원국의 만 15~24세 그룹 인구 비율은 평균 약 10.7%인데, 가장 그 비율이 높은 국가인 남사이프러스(그리스) 12.8% 및 덴마크와 아일랜드 각 12.6%보다도 튀르키예의 청년 인구 비율(15.6%)이 높은 것을 알 수 있다.

튀르키예에서는 2012-2013학년도에 교육과정 개정을 통해 의무교육을 기존 초등교육 8년에서 중등교육을 포함한 12년으로 확대하였다. 4+4+4 시스템으로 불리는 튀르키예의 교육 체계는 초·중학교 4년, 중학교 4년, 고등학교 4년으로 이루어져있다. 튀르키예의 초·중등교육은 튀르키예 교육부 (MEB: Milli Eğitim Bakanlığı)에서 관장하고 있으며, 유럽 국가들과 마찬가지로 학기는 9월에 시작하고 이듬해 6월에 끝난다. 또한 튀르키예의 국·공립 학교의 경우 초·중·고는 물론 대학 역시 소액의 수수료를 제외한 학비 전액 무료의 무상 교육을 실시하고 있다. 튀르키예의 교육과정 개정에서 의무교육 기간 연장과 더불어 초등학교 입학 연령은 만 6세(72개월) 이상에서 만 5세 (60개월) 이상으로 낮추어졌다. 튀르키예의 초등학교는 상급학년으로 진학하기 위해서 일정 수준 이상의 점수를 획득해야 하며, 초·중등학교에서 영어가 필수과목으로 지정되어 있다. 국공립과 사립학교에서 제2외국어 교육에는 차이가 있으나, 2017년 2월 튀르키예 정부의 발표에 따라 초·중등학교의 제2외국어 선택에 한국어가 포함되었고, 2018년 9월부터 교육이 시작됨에 따라 중고생들의 한국어 학습에 대한 관심이 높아지게 되었다. 중등교육은 초등교육을 이수한 자가 의무적으로 진학하여야 하며, 4년간의 고등학교 과정으로 이루어진다. 튀르키예의 고등학교 과정은 일반 고등학교와 직업 및 기술 고등학교로 구분되고, 고등학교 과정을 마치고 전문대학 이상의 고등교육기관에 진학을 희망하는 학생들은 국가 주관의 대학입학시험을 통과 후 대학에 지원하게 된다. 이 외에도 튀르키예의 취학 전 교육은 유치원이나 초등학교 내 병설유치원에서 이루어지는데 유럽연합 통계청(Eurostat)의 2017년도 자료에 따르면 EU국가의 취학 전 영유아교육률은 95%를 상회하나, 튀르키예의 경우 55%에 그치는 것으로 나타났다. 그러나 이는 10년 전 튀르키예의 4~6세 미취학아동 대상 교육률과 비교하였을 때 105% 증가한 수치로 아직 선진국에 비하여 낮은 수준의 교육률이지만 튀르키예 내에서는 꾸준히 발전적으로 변화하고 있음을 알 수 있다.

튀르키예는 국민의 약 98%가 무슬림이지만 정치적으로 다른 이슬람 국가들과는 확연히 다른 모습을 보인다. 오스만제국 이후 튀르키예 공화국으로 전환은 세속주의를 표방하였으며, 교육 제도 역시 많은 부분 서구적 가치관을 받아들여 학교 내에서 히잡이나 차도르의 착용도 금지하였다. 그러나 2014년 9월, 튀르키예 정부가 10대 소녀들의 수업 시간 히잡 착용을 허락하고, 초등학생 대상 종교 교육 의무화를 확대 시행하면서 서구적 가치관의 교육 체제에 짙은 이슬람 색채가 드리워졌다. 현 집권당인 정의개발당(AKP)이 2002년 집권한 이후 튀르키예의 이맘 하팁(İmam Hatip) 종교 학교의 학생수는 약 90% 가량 증가하였으며, 2020~2021학년도에 중등교육기관의 수가 대체적으로 줄어든 데 반해, 이맘 하팁은 오히려 전년대비 22개 학교가 늘어 총 1,673개에 이르는 것에서도 현행 교육 체제에서의 가치관 변화가 어떻게 반영되었는지 알 수 있다.

중등교육 과정은 젊은 성인이 사회에 효과적으로 기여하는 데 필요한 기본 교육 중 하나이다. 그러나 약 1/4 정도의 OECD 회원 국가에서 학령기 청소년의 10% 이상이 학교에 가지 않는 것으로 나타난다. OECD 교육지표 2021[1]의 결과 발표에 따르면 만 25~34세 청년 가운데 평균적으로 약 15% 정도가 중등교육을 마치지 못한 것으로 집계되는데, 튀르키예의 경우 이 비율은 약 41%로 중등교육참여율이 OECD 회원국들보다 매우 낮은 수준이다. 2020년 기준 고등학교 과정을 이수하지 못한 젊은 성인의 실업률은 더

---

1 OECD 교육지표는 회원국들이 교육 기회를 확대하고 교육의 사회적 성과를 높이기 위해 필요한 국제 비교 자료를 제공하고 있으며, 국가별 교육정책 수립 및 연구의 기초 자료로 다양하게 활용되고 있다.

높은 교육을 이수한 성인보다 거의 2배가 높은 것으로 나타났다. 높은 교육 이수 수준은 개인의 긍정적인 경제 및 사회적 성과와 연결될 수 있으며, 고학력자는 더 많은 사회 참여와 높은 고용률, 높은 상대 소득을 보인다. 그렇기 때문에 개인은 더 높은 교육단계를 이수할 동기를 부여받게 되고, 정부는 높은 교육이수 수준의 인구 증가를 위해 적절한 인프라와 정책을 제공해야 한다.

Ⅲ. 튀르키예의 고등교육 현황

튀르키예의 고등교육 과정은 초·중등교육과는 달리 고등교육위원회(이하 YÖK: Yükseköğretim Kurulu)[2]가 관장하고 있다. 학생들은 고등학교 과정을 마치고 대학입학시험을 치른 후 대학을 선택하여 진학할 수 있다. 대학교 역시 국립일 경우 학비 전액이 무료이기 때문에 튀르키예에서는 대학을 졸업한 후 다른 전공을 공부하기 위하여 다시 대학에 입학하는 사례가 적지 않게 나타난다. 튀르키예의 고등교육 과정은 한국과 유사하게 2년제의 전문학사 또는 준학사 과정(Ön Lisans, Meslek Yüksekokulları), 학사(Lisans) 과정, 석사(Yüksek Lisans) 및 박사(Doktora) 과정으로 각각 나뉜다. 2021년도 과정별 학생 수는 아래 〈표1〉에서 간략하게 살펴볼 수 있다.

튀르키예의 경우 2년제 대학인 전문학사·준학사 과정을 제외하고는 학사, 석사, 박사 과정 모두 남학생의 비율이 더 높게 나타난다. 또한 학부 및 석·박사 과정의 교육을 받는 성인 비율은 OECD 평균에 크게 뒤처져 있으며, 특히 석사 과정의 경우 OECD 평균이 13.5%인 데 반하여, 튀르키예의 석사 과정 비율은 2%에 그친다.

---

2 YÖK(The Council of Higher Education), 1981년 11월 6일 제2547호 법령에 의하여 결정된 고등교육제도 기본 원칙에 따라 설립된 헌법 기관으로 모든 고등교육기관을 관리함. 대학의 발전 및 평가, 예산투자, 사업계획 및 조정에 관한 사항을 의결하는 권한을 갖고 있다.

〈표1〉 튀르키예 고등교육 과정별 학생 수 현황(단위: 명)

고등교육 과정	여학생	남학생	전체학생 수
전문학사·준학사 과정	1,608,714	1,505,909	3,114,623
학사 과정	2,224,529	2,452,128	4,676,657
석사 과정	165,592	177,977	343,569
박사 과정	50,590	55,558	106,148
합 계	4,049,425	4,191,572	8,240,997

〈표1〉에서 만 25~34세 고등교육 이수율[3]을 살펴보면, 튀르키예의 경우 2010년 17.4%에서 2020년 35.3%로 2배 가까이 상승하였으나, 아직도 OECD 평균 45.5%에는 크게 못 미치는 실정이다. 반면 한국은 2010년에 비하여 8.4% 상승하며, 같은 해 기준 69.8%로 OECD 국가 중 1위를 기록하였다. 2010년과 2020년의 수치 비교를 통해 튀르키예 고등교육 이수율은 OECD, EU22, G20 국가들에 비하여 여전히 낮으나, 10년 전에 비하여 지속적으로 상승하고 있는 것을 알 수 있다. OECD 회원국 및 파트너 국가별로 살펴보면 인도, 중국, 인도네시아, 멕시코, 튀르키예, 남아프리카공화국, 포르투갈, 이탈리아, 스페인 등에서는 고등교육 이수율이 20% 미만을 기록하고 있으나, 캐나다, 아일랜드, 이스라엘, 룩셈부르크, 한국, 러시아, 미국에서는 50% 이상의 이수율을 나타내고 있다. 2020년 기준 OECD 평균 고등교육 이수율은 만 25-65세 성인의 경우 약 39%, 만 25-34세 청년층의 경우 45.5%로 나타났다. 한국의 경우 청년층의 전문대학 이상 고등교육 이수율은 OECD 평균을 훌쩍 넘는 수치를 보이고 있으나, 우수 연구인력으로 꼽히는 석·박사급 이수율은 OECD 평균을 크게 밑도는 것으로 나타났다.

---

3   고등교육 이수율 = (고등교육단계 학력 소지자 수) / (해당 연령 전체 인구 수).

〈표2〉 한국-튀르키예 성별에 따른 만 25-34세 고등교육 이수율

	남학생		여학생		전체	
	2010년	2020년	2010년	2020년	2010년	2020년
한국	57.3	64.0	65.8	76.3	61.4	69.8
OECD 평균	31.9	39.3	42.1	51.9	36.9	45.5
튀르키예	18.5	34.6	16.3	36.1	17.4	35.3
독일	24.8	33.4	27.5	36.5	26.1	34.9
일본	53.6	58.7	59.9	64.4	56.7	61.5
영국	44.0	52.4	48.1	59.3	46.0	55.8
미국	37.1	46.9	47.6	56.9	42.3	51.9
EU22 평균	29.5	37.5	41.2	51.9	35.3	44.5
G20 평균	31.9	38.0	37.8	45.6	34.8	41.8

* 2021년 OECD 교육지표 보고서를 바탕으로 재구성함.

〈표2〉에서 고등교육 이수율의 추이 변화를 성별에 따라 살펴보면, 최근 십여 년간 고등교육 이수율 증가가 있었으나 전반적으로 남성의 고등교육 진학 및 이수 확률이 여성에 비하여 더 낮음을 알 수 있다. OECD 회원국 평균 여성(52%)이 남성(39%)보다 더 높은 고등교육 이수율을 보이는 것으로 나타났으나, 고등교육 참여율이 높음에도 불구하고 고등교육 단계가 올라갈수록 여성의 비율은 떨어지는 것으로 보인다. 2020년 OECD 회원국 평균 기준으로 볼 때 박사 학위를 이수한 성인의 남녀 비율은 55:45로 나타난다. 튀르키예 고등교육위원회(YÖK) 고등교육 정보관리시스템 발표 자료에 따르면 튀르키예 국내의 고등교육 현황 가운데 2020-2021학년도[4] 기준 튀르키예의 대학(원)생 수는 약 824만명으로 여학생 31.2%, 남학생 68.3% 비율을 보이는데, 이는 OECD 회원국 평균보다도 약 13.8% 하회하는 수준이다.

---

4   튀르키예 고등교육 역시 9월 학기 개강을 기준으로 신학기가 시작되며, 2020~2021학년도는 2020년도 가을학기와 2021년도 봄학기로 이루어진다.

튀르키예의 교육여건은 정부의 교육에 대한 높은 관심에도 불구하고 국민의 요구에 부응하거나, OECD 회원국 평균 반열에 오르기에는 아직 부족한 실정이다. 튀르키예에서 교육을 받지 않고, 취업에도 참여하지 않는 청년층의 비율은 약 32%로 집계되는데 OECD 회원국 평균이 약 15%인 것을 감안하였을 때 튀르키예의 교육 및 취업 미참여 청년층 비율은 굉장히 높은 것을 알 수 있다. 청년층의 교육 및 취업 참여가 가장 낮은 국가는 콜롬비아이며, 튀르키예는 이를 이어 2위로 나타났다. 특히 튀르키예에서는 이 비율이 남성에 비하여 여성에게서 두배 가까이 높게 나타나는 것도 주목할 만하다. 여성의 교육 성취도는 사회 경제적 지위에 영향을 미치는 중요한 요소 가운데 하나로 튀르키예 내에서는 여성 교육 참여율, 고용률 저조 현상에 주목하며 제도 개선 및 인식 제고를 통해 이를 높이고자 지속적으로 노력하고 있다.

IV. 튀르키예의 대학 및 유학생 현황

튀르키예 정부는 지난 2018년 9월 공화국 설립 100주년을 맞는 2023년까지의 국가 경제 비전을 소개하는 신경제계획 '튀르키예 비전 2023'을 발표하였다. 튀르키예는 2023년 세계 10대 경제대국 도약을 목표로 재정, 소득, 대외무역 정책을 강화하여 수출 지향 성장을 통한 자주적이고 강력한 경제 모델을 수립할 의지를 밝혔다.[5] 이러한 경제계획 방향에서 튀르키예 정부의 역할은 더욱 강화되었으며, 이와 연계하여 교육 분야 비전 2023도 마련되었다. 튀르키예의 교육 비전 2023의 목적은 "시대와 미래에 부합하는 발

---

5   이 외에도 수입 의존도를 줄이기, 관광 수입을 늘려 지속 가능한 수출 성장, 기술 이전 위주의 외국인직접투자 유치, 제조업 위주의 우선 육성 산업 선정 및 투자, 효과적인 경기 부양 프로그램을 통한 생산 구조 강화, 비즈니스 및 투자 환경 개선을 통한 경쟁력과 생산 효율 증대에 힘쓰겠다고 발표했다.

전적 지식과 요소를 지니고 이러한 지식을 인류의 이익을 위해 사용하며, 학문에 대한 열정과 문화적 관심을 지닌 도덕적인 인재를 양성하는 것"이다. 신흥경제국 튀르키예가 지속가능 고성장을 달성하기 위해서는 지식과 자격을 갖춘 인적 요소의 증가가 최우선이며, 우수 인재 개발을 위한 글로벌 규모의 경쟁력 있는 고등교육체계가 필수요건이다. 대학은 지역 및 국가 경제의 중요한 생산 요소로 지식 창출의 근본적인 역할을 수행하며 전문인재 양성의 핵심 기관으로 작용한다.

튀르키예는 2000년대 초반을 기점으로 고등교육 기관의 수와 다양성의 증가, 교육 방식의 변화를 꾀하여 왔다. 현재 2020년도 기준 튀르키예 대학교의 수는 총 203개로 이 가운데 약 64%인 130개가 국립 대학, 73개 대학은 사립으로 운영되고 있다. 도시별 대학 분포 현황을 살펴보면, 이스탄불에 튀르키예 대학의 약 31% (62개) 정도가 몰려 있으며, 수도 앙카라에 21개, 에게해 지역의 이즈미르에 9개, 안탈야 5개, 콘야, 가지안텝, 카이세리, 메르신에 각각 4개의 대학이 있는 것으로 나타난다. 튀르키예의 거주지기반 인구등록시스템(이하 ADNKS: Adrese Dayalı Nüfus Kayıt Sistemi)에서 발표한 조사에 따르면 튀르키예 청년 인구의 약 4.4%가 대학 진학을 위하여 타 도시에서 생활하고 있는 것으로 밝혀졌다. YÖK의 자료에 따라 튀르키예 내 지원율이 높은 10개 대학을 선호도 순으로 소재지 정보와 함께 살펴보면, 이스탄불 대학교(이스탄불), 마르마라 대학교(이스탄불), 앙카라 대학교(앙카라), 볼루 아반트 이젯 바이살 대학교(볼루), 도쿠즈 에일률 대학교(이즈미르), 에게 대학교(이즈미르), 가지 대학교(앙카라), 악데니즈 대학교(안탈야), 하제테페 대학교(앙카라), 이스탄불 공과대학교(이스탄불)이며, 이 가운데 6개 대학이 이스탄불과 앙카라에 소재하고 있다. 이들 튀르키예 대학교에서 가장 선호되는 학과 및 전공은 법학, 건축학, 의학, 심리학, 약학, 컴퓨터 공학, 식품영양학, 초등교육학으로 나타난다.

최근 튀르키예는 정세 불안, 물가 상승으로 인한 경제 불황 등으로 안정된 국가로 보기 어려운 부분도 있다. 이슬람 문화권이면서도 세속주의 국

〈사진1〉 이스탄불 대학교

가라는 점, 유럽과의 문화·경제적 교류는 물론 서구식 교육을 받을 수 있
으면서도 유럽보다는 경제적으로 그 부담이 적은 점 등을 토대로 세계 각
국의 많은 학생들이 튀르키예로 유학을 오고 있다. ADNKS의 조사 결과
튀르키예 거주 외국인의 수는 2020년도 대비 458,626명 증가하여 2021년
1,792,036명에 이르렀다. 또한 코로나 펜데믹 상황에도 불구하고 튀르키예
내 유학 외국인 학생수는 2021년도 224,000명으로 늘어난 것으로 나타났
다. 이는 5년 전에 비하여 48,000명 증가한 수치이다. 튀르키예 문화관광부
산하 기구인 튀르키예 재외국민 재외동포 공동체(이하 YTB[6]: Yurtdışı Turkler ve
Akraba Topluluklar Başkanlığı) 및 YÖK의 장학 제도를 비롯하여 튀르키예정부 장
학, 튀르키예종교재단 장학 등 튀르키예 내 외국인 유학생에게 다양한 장
학금 지원이 이루어지고 있으며, 자비 유학생까지 포함하여 현재 튀르키예
의 203개 대학 약 60,000개의 프로그램에서 외국인 학생에게 교육 기회가

---

6 YTB는 해외 거주 튀르키예 국민, 재외동포, 튀르키예 유학외국인 국비 장학생 유치 등
   의 업무를 수행하는 기관으로 교육 및 연구 지원, 인턴십 운영, 콘텐츠 개발, 역사·문화·
   예술 관련 프로그램 제공 등 다양한 사업을 운영하고 있다.

제공되고 있는 것으로 나타났다. 아래 〈표3〉에서는 튀르키예의 주요 대학을 외국인 학생 및 외국인 교수 비율 현황과 함께 세계 대학 순위에 따라 제시하고 있다.

〈표3〉 튀르키예의 주요대학 외국인 학생 및 교수 비율 현황

연번	대학명	소재지	외국인학생 비율	외국인교수 비율	2022 QS 세계 대학 순위
1	Koç University	Istanbul	6.5	17.2	511-520
2	Sabanci University	Istanbul	16.0	30.6	541-550
3	Middle East Technical University	Ankara	13.1	4.2	551-560
4	Bilkent University	Ankara	10.8	46.1	591-600
5	Bogaziçi University	Istanbul	3.0	4.1	701-750
6	Istanbul Technical University	Istanbul	14.3	1.6	701-750
7	Ankara University	Ankara	7.0	1.3	801-1000
8	Hacettepe University	Ankara	2.8	1.3	801-1000
9	Istanbul University	Istanbul	10.3	2.6	801-1000
10	Anadolu University	Eskisehir	3.4	1.2	1001-1200
11	Ege University	Izmir	4.0	1.0	1001-1200
12	Gazi University	Ankara	2.9	1.3	1001-1200
13	Istanbul Aydin University	Istanbul	55.3	3.4	1001-1200
14	Istanbul Bilgi University	Istanbul	16.9	2.2	1001-1200
15	Izmir Institute of Technology (IZTECH)	Izmir	3.6	1.7	1001-1200
16	Akdeniz University	Antalya	1.1	1.0	1201+
17	Cukurova University	Adana	5.6	1.4	1201+
18	Dokuz Eylul University	Izmir	1.1	1.3	1201+
19	Marmara University	Istanbul	4.3	1.4	1201+
20	Sakarya University	Adapazari	11.6	1.1	1201+

2021 OECD 교육지표 보고서에 나타난 국제이동학생의 특성을 살펴보면

개발도상국 및 인접 국가로부터의 유학생의 유입이 두드러진다. 또한 남성은 공학, 제조 및 건축 분야에서 해외 유학을 할 가능성이 높은 편이며, 여성의 경우 예술 및 인류 분야와 보건 및 복지 분야에서 해외 유학을 할 가능성이 높게 나타난다.[7] 2019년 기준 국제이동학생 현황을 살펴보면 한국의 경우 중/상위국가(UMICs) > 중/저소득국가(LMICs) > 고소득국가(HICs) 순이며, 유학생들 가운데 55% 이상이 인접 국가에서 온 것으로 나타났다. 튀르키예의 경우 국제이동학생 분포는 중/상위국가 > 저소득국가(LICs) > 중/저소득국가 > 고소득국가 순으로 나타나고 있다.

튀르키예에는 YÖS[8](Yabancı Uyruklu Öğrenci Sınavı)라는 외국인 학생을 위한 대입고사가 따로 있어, 일부 대학은 이 시험을 통해 일정 비율의 외국인 학생의 입학을 허용하고 있다. YÖS를 통해 대학에 입학하는 외국인 학생은 취득 점수에 따라 원하는 학과에 자유롭게 지원 가능하며, 외국인 학생들의 경우 주로 의대, 치대, 경영대, 법대의 진학을 선호하는 것으로 나타났다. YÖS 시험을 통해 튀르키예 대학에 입학하는 가장 많은 유학생의 국적을 살펴보면 아제르바이잔, 투르크메니스탄, 이란, 시리아, 독일, 불가리아 순으로 나타난다. 이와 반대로 튀르키예인 학생들의 국외 대학 유학 현황을 살펴보면, 약 20% 가량이 독일, 이탈리아, 폴란드 등의 유럽이나 영국 유학을 선호하는 것으로 나타났다. 이어서 미국, 캐나다와 같은 국가로의 유학이 많으며, 아시아권 국가도 점차 늘고 있는 추세이다. 튀르키예인들이 독일 대학을 선호하는 이유는 유럽 국가 가운데 비교적 낮은 등록금과 더불어 졸업 후 약 18개월간 일을 할 수 있는 기회가 제공된다는 것이 큰 장점으로 작용한다. 독일 내 이민자 구성을 살펴보면, 튀르키예 출신 이민자가 가장

---

7 여성 국제학생의 분야별 참여 비율 (2021 OECD 교육지표)
   공학, 제조 및 건축 분야 : 29%
   예술 및 인류 분야: 62%
   보건 및 복지 분야: 63%

8 자국민 대상 대입 시험과는 다르게 IQ 45문항, 수학 30-32문항, 기하학 3-5문항으로 구성된 총 80문항으로 이루어져 있다.

높은 비중(2016년 독일통계청 기준, 약 280여 명)을 차지하며 튀르키예의 교육 여건
은 좋은 직장 또는 높은 취업률로 이어질 만큼 그 여건이 충분치 않아 이러
한 이유로 젊은이들은 자기 자신을 향상시키고 두각을 나타내기 위해 해외
유학을 선택하게 된다. 튀르키예에서는 매해 약 십만 명에 달하는 학생이
국외 대학을 선택하면서, 튀르키예의 두뇌 유출에 대한 문제도 끊임없이 거
론되고 있다. TÜİK에 따르면 2019년 기준 튀르키예의 만 15-24세 청년 실
업률이 27.4%로 역대최고치를 기록하였었고, 대졸자의 실업률 역시 2018
년 14%에서 2019년 15.2%로 상승하면서 이와 같은 기록적인 실업률과 교
육 시스템의 불안정성은 튀르키예의 젊은 인재와 그들의 가족을 해외로 떠
나게 만드는 요인으로 작용하고 있다. IEFT 국제교육박람회의 설문 조사에
서는 해외로 나간 학생의 72%가 튀르키예로 되돌아가고 싶지 않다고 답하
며, 튀르키예 교육체계에 대한 만족도가 충족되지 않음을 시사한다.

V. 한국-튀르키예의 고등교육 협력 현황 및 방안

1. 한국-튀르키예 대학 간 협력

한국 국내 대학의 국제교류 현황을 살펴보면 해외 대학과의 교류는 나
날이 증가하고 있으나 그 대상이 미국, 중국, 호주, 일본 등에 편중된 경향
이 있다. 2021년도 교육부 제공 자료에 따르면 대학과 대학원 과정을 종합
하였을 때 국외 고등교육기관 한국인 유학생 수가 많은 지역은 북미 〉아
시아 〉유럽 〉오세아니아 〉아프리카 〉중남미 순으로 나타났다. 또한 어학
및 기타 연수 등의 목적까지 포함할 경우 한국인 유학생 수의 약 73% 가량
이 북미와 아시아 지역에 편중되어 있는 실정이다. 교육부의 교육통계서비
스(KESS)에 따르면 한국인 유학생 수는 2011년 26만여 명으로 최고치를 기
록하였고, 2017년부터 감소 추세로 접어들다 코로나 19로 인하여 2021년도

에 15만 6천 명으로 최저치를 기록한 것으로 나타났다. 2020년과 2021년도에는 코로나 19로 유학생 비율이 크게 감소하였기에 2019년 기준을 참고하여 국가별 한국인 유학생 현황을 통해 유학 선호국을 살펴보면 미국(25.6%), 중국(23.8%), 호주(8.8%), 일본(8.0%), 캐나다(7.7%), 프랑스(3.3%), 독일(3.2%), 기타(19.6%) 순으로 나타난다. 2019년도 유학생 수는 약 21만 3천 명을 기록하였는데, 이 가운데 튀르키예 유학 비율은 약 0.11%에 그치는 수준으로 나타났다. 〈그림1〉에서 튀르키예 내 한국인 유학생 현황을 살펴볼 수 있으며, 2015년 이후 튀르키예 유학생의 수가 급격히 늘어난 것을 알 수 있다.

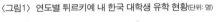

〈그림1〉 연도별 튀르키예 내 한국 대학생 유학 현황(단위: 명)

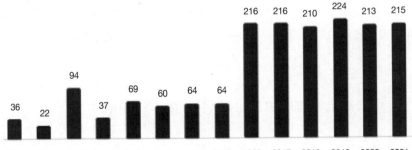

* 교육부 2021년도 국외 고등교육기관 한국인 유학생 통계자료를 바탕으로 재구성.

　국내 고등교육 기관 가운데 튀르키예 튀르크어(터키어) 관련 전공이 개설된 대학은 한국외국어대학교 터키·아제르바이잔어과와 부산외국어대학교 터키·중앙아시아어과가 있다. 대학원 과정으로는 한국외국어대학교의 중동언어·문화학과, 터키·중앙아시아·몽골학과, 중동·아프리카학과에서 어문학, 인문·사회, 정치·경제, 지역학 전공 교육이 이루어진다. 튀르키예내 한국 관련 학과는 앙카라대학교, 에르지예스 대학교 한국어문학과 학부 과정과 석·박사 과정이 있으며, 이스탄불 대학교의 학부 과정에도 한국어문학과가 있다. 양국 대학 간의 교류는 초기에 각 나라에 튀르키예와 한국 관런 학과가 있는 대학들을 중심으로 교육 및 학술 교류가 이루어졌다. 그러나 최근 양국의 교육정책에 따라 해외우수학생의 유치를 위해서 다양한 대학 간 자매결연이 활성화되면서 대학 간의 교류도 다각적으로 이루어지고 있다. 또한 한국과 튀르키예의 정부 초청 장학생 선발로 인한 유학생 수가 늘어나면서 대학 간의 협력 역시 더욱 확장되고 있는 추세이다. 한국 정부 초청 장학생으로 매년 1~2명의 학부과정 및 10~11명의 대학원 과정 튀르키예 학생이 선발되고 있으며, 튀르키예 정부초청 장학생도 매해 학부 및 대학원 과정을 선발하고 있다.[9] 튀르키예의 정부초청장학생은 2019년도 기준 총 4,731명 지원을 받았으며, 가장 많은 지원을 받은 국가는 중동 > 남아프리카 > 중앙아시아 > 남아시아 > 발칸국가 > 북아프리카 > 아시아[10] > 유럽 > 아메리카 순으로 나타났다.

〈표4〉 양국 대학 간 자매결연 체결 현황

연번	튀르키예 대학	국내 대학
1	앙카라대학교	18개 대학(서울대, 고려대, 한성대, 충남대, 계명대, 부산대, 경기대, 성균관대, 한림대, 수원대, 숭실대, 숙명여대, 국민대, 한국외국어대, 인하대, 경북대, 건국대, 가천대)
2	이스탄불대학교	8개 대학(서울시립대, 강원대, 배재대, 충남대, 계명대, 경북대, 인천대, 경성대)
3	에르지예스대학교	7개 대학(서울대, 한국외국어대, 한림대, 전남대, 충남대, 숙명여대, 한국교원대)
4	하제테페대학교	8개 대학(한양대, 경주대, 부산대, 성균관대, 한국외국어대, 경주대, 중앙대, 한국예술종합학교)
5	중동공과대학교	4개 대학(인하대, KAIST, 건국대, 명지대)
6	이스탄불공과대학교	7개 대학(KAIST, 성균관대, 서울과학기술대, 경희대, 서울시립대, 동아대, 단국대)
7	빌켄트대학교	10개 대학(아주대, 국민대, 성균관대, 고려대, 경희대, 동국대, 건국대, 우송대, 한국예술종합학교, 한국외국어대)
8	가지대학교	3개 대학(서울교대, 한국외국어대, 한성대)
9	보아지치대학교	6개 대학(서울대, 연세대, 서강대, 계명대, 한양대, 성균관대)

* 터키 개황 2018 자료, 외교부

9 이 밖에도 한국전 참전 용사 및 유가족 지원 사업을 통하여 참전용사 후손 학생들을 대상으로 장학금 지원 사업도 지속적으로 이루어지고 있다.
10 남아시아, 중앙아시아 국가를 제외한 아시아 태평양 연안 국가.

　위 〈표4〉에서 볼 수 있듯이 튀르키예 대학과 다수의 국내 대학 간 자매
결연이 체결되어 교환학생 프로그램 등을 비롯한 다양한 분야의 교육 협력
이 이루어지고 있다. 양국 대학 간의 협력은 양국 간 유학박람회, 장학제도
홍보, 대학 간의 자매결연 협정 증진 등을 통하여 지속적으로 확대가 이루
어질 것으로 기대된다. 뿐만 아니라 양국으로의 유학생 유치를 위해 고등
학생을 위한 다양한 프로그램을 개발하고 운영하는 것도 교육 협력 대상의
확대만큼 중요하다. 터키인들의 한국어에 대한 관심은 한국의 성공적 이미
지, 한국 문화와 한류의 영향, 인터넷으로 인하여 모든 콘텐츠의 공유 가능
으로 더욱 수월하게 이루어졌다. 2011년에 튀르키예 수도 앙카라에 한국문
화원이 개원하였고 주요 대도시에는 세종학당도 개관하였다. 특히 2017년
2월부터 튀르키예정부가 초·중등학교의 제2외국어 선택에 한국어를 포함
시킴으로써 중·고등학생들의 한국어 학습에 대한 관심이 더욱 높아지기 시
작했다. 2018년부터 교육과정 내에서 한국어를 학습한 학생들이 다양한 분
야로 진출하고 있으며, 한국과 한국어에 대한 흥미를 잃지 않고 양국 간의
새로운 인적 자원으로 육성될 수 있도록 유치하기 위한 대학 기관들의 적
극적인 참여가 필요하다.

〈사진2〉 이스탄불 공과대학교

〈사진3〉 앙카라대학교 전경

2. 연구 및 학술 분야 협력 방안

학술 연구 분야의 교류는 앞서 언급한 바와 같이 초기에는 양국 대학 기관의 관련 학과를 중심으로 초기에는 정치, 경제, 언어, 문학, 사회, 종교 등의 분야를 중점적으로 이루어졌다. 최근에는 튀르키예 내 한국어 교육 열풍과 함께 한국학 분야의 연구 지원도 확대되고 있는 추세이다. 한국국제교류재단은 에르지에스대학, 중동공과대학 및 보아지치대학에 한국학 연구 지원 사업을 실시하고 있으며, 이스탄불 보아지치대학교, 이스탄불 아이든대학교, 앙카라 빌켄트대학교, 앙카라 하제테페대학교에서는 한국어 관련 학과는 개설되어 있지 않으나 한국어 수업이 실시되고 있다. 튀르키예 내에서 실시되는 한국어능력시험(TOPIK)에 응시하는 이들의 숫자는 꾸준히 늘고 있으며, 튀르키예 내에서 한국어를 배우고자 하는 수요는 계속 확대 중이다. 앞서 언급한 초·중등교육 과정에서 교과목으로 한국어가 채택된 것도 이러한 한국어 교육의 높은 수요를 나타내며, 한국어 및 한국학 관련된 다양한 연구도 필수적으로 수반되어야 한다. 한국학 분야는 특히 어학 연구와 함께 문화 및 학술 교류 프로그램도 다채롭게 실시하고 있다.

〈사진4〉 튀르키예 대학의 한국 관련 다양한 행사

2021년, 앙카라대학교 한국어문학과-한국문화 한국전통놀이체험 및 공연	2021년, 에르지예스대학교 유라시아한국학연구소 제1차 한국학 국제학술대회	2021년, 이스탄불대학교 한국영사관-한국어문학과 한국 문화의 날 행사

　이외에도 한국과 튀르키예의 연구분야 협력 방안은 과학이나 정보통신 분야에서도 활발히 이루어지고 있다. 1999년 산업기술정보원과 튀르키예 과학기술원 간의 협력 교류 양해각서가 체결되었고, 2014년도 이후부터는 한국연구재단과 튀르키예과학기술원의 양자연구 교류, 인적교류 사업 등이 꾸준히 실시되고 있다. 이를 통해 기후변화, 바이오, 미래소재, 무인체 등의 과학기술 분야와 5G, 사물인터넷, 빅데이터, AI 등 정보통신 분야에서의 연구도 활발하게 이루어지고 있는 추세이다.

3. 산학협력 방안

　튀르키예의 교육 비전 2023에서는 대학 교육에서 기관 협력의 중요성이 더욱 강조되고 있으며, 이에 따라 튀르키예의 대학도 산학협력 사업을 통해 지역사회, 기업, 연구소, 기관 등과 연계한 다양한 협업을 통해 경제성과 및 대학 사업을 수행하기 위한 방안을 마련하고 있다. 튀르키예 정부는 2019년에 제11차 경제개발계획을 통해 각종 산업진흥정책, 경제개발 프로그램 등에서 제조업 내 원부자재의 높은 수입의존도를 낮추고 국가경쟁력을 키우기 위해 5개의 산업 분야를 우선 육성산업으로 선정했다. 튀르키예가 추진하는 우선 육성산업은 화학, 의약품 및 의료기기, 기계 및 백색가전, 자동차, 철도시스템으로 튀르키예 대통령실 연간 프로그램 2022을 통해 관련된 세부 정책 및 구체적인 지침들이 발표되었다.

우선 육성산업 가운데 구체적으로 산학협력이 요구되는 분야는 자동차 산업 분야이다. 자동차산업 육성정책으로는 양질의 인적자원 육성을 위한 자동차 기술학교와 산업의 교류 확대와 코자엘리, 이스탄불, 부르사 등 자동차 산업공단이 집중되어있는 지역을 중심으로 자동차 기술학교 설립 증진이 제시되었다. 이에 따라 기술학교에서 산업현장으로 연계되고 협력이 가능하도록 교육부와 산업부 공조하에 학교와 사업체 간 협력 활동 증대 및 산학협력 자매결연 체결 추진을 진행해 나갈 예정이다. 튀르키예의 자동차 산업공단에는 현대자동차를 비롯하여 한국의 자동차 관련 업체가 많이 진출해 있어 우리 기업과 튀르키예 대학 간의 산학협력 추진이 이루어질 가능성이 높다. 이 밖에도 의료산업 육성을 위하여 바이오기술 의약품 R&D 활성화를 위한 기반 구축 정책과 관련하여 전문 인적자원을 교육하는 프로그램 역시 주요 추진과제로 진행될 것으로 보인다.

산학협력뿐만 아니라 글로벌 시대의 전문 인재 육성을 위해서는 기업 장학재단 중심의 장학 프로그램 역시 지속적으로 확대될 필요가 있다. 현재 튀르키예에는 포스코, KT&G장학 재단 등에서 주요 대학 및 현지 기관의 추천을 받아 발굴한 우수 인재에게 장학금을 지원하고 있다. 장학 지원과 더불어 산업 분야 인재 양성의 거점이 될 수 있도록 양국 간 대학 과정이 취업지원으로 연계되는 프로그램도 마련될 필요가 있다. 2021년도 초부터 튀르키예 산업기술부는 자동차 및 철도 시스템, 디지털 전환, 의약품 및 의료기기, 화학 등의 산업을 대상으로 기술 중심산업 프로젝트를 진행하며 튀르키예 국내 기업의 투자를 지원하고 있다. 이 프로젝트를 통해 튀르키예 기업들은 실질적으로 독자 개발이 어려운 제품을 외국계 기업과 협업하고 있으며, 많은 한국 업체의 협업 참여도 추천하고 있다. 튀르키예 대학 기관과의 산학협력은 이처럼 정부의 주요 정책 방향과 맞물린 분야, 양국의 기술 협력이 가능한 산업 분야에서의 협업이 보다 적극적으로 추진될 것으로 기대하고 있다.

VI. 제 언

지금까지 튀르키예의 고등교육 관련 그 현항과 발전 방안에 대하여 대학을 중심으로 간략히 살펴보았다. 최근 튀르키예의 정책 방향에 따라 다방면의 교류 중대를 통해 더욱 긴밀하고 강화된 협력관계를 유지하는 데 있어 기술 교류와 더불어 우수한 인적 자원의 교류 및 확보가 중요시되고 있으며, 양국 간의 고등교육 협력은 기관 및 국가 차원의 제도적 지원과 더불어 교육 협력 촉진을 위한 중장기계획 마련도 필요할 것으로 보인다. 2022년 외교관계 수립 65주년을 맞는 한국과 튀르키예는 지난 2021년 10월 열린 외교장관회담을 통해서도 전략적 동반자 관계의 지속적 발전 방안을 협의하였으며, 인적 교류, 문화, 관광, 과학, 교육 분야 등 제반 분야에서의 협력관계를 더욱 강화할 예정임을 밝혔다. 따라서 다양한 기초 및 응용 분야의 학술 연구는 물론 정치, 경제, 문화, 인프라 분야 등의 협업과 기술 교류, 나아가 음식, 문화 콘텐츠 및 스포츠 교류까지 튀르키예와의 협업 분야는 더욱 방대하고 다양해질 것으로 기대된다.

참고자료 ────────

김미란 외 (2013). 한국 고등교육 국제화 정책 진단 및 개선방안 연구, 한국교육 개
    발원.

유의정 외 (2021). 국내 고등교육기관의 해외진출 현황과 과제, NARS입법·정책
    제93호, 국회입법조사처

외교부 (2018) 터키개황, 외교부 유럽국 중유럽과 교육통계서비스센터, "교육통
    계서비스" http://kess.kedi.re.kr, (검색일: 2022년 1월 13일)

OECD Education At a Glance : EAG 2021, "2021년 OECD 교육지표" https://www.
    oecd.org/education/education-at-a- glance/OECD, (검색일: 2022년 1월 13일)

OECD Education At a Glance : EAG 2021, "2021년 OECD 교육지표 고등교육
    이수율보고서", https://www.oecd.org/education/education-at-a-glance/
    EAG2021_Annex3_ChapterB.pdf (검색일: 2022년 1월 13일)

터키 고등교육위원회, "터키고등교육 현황 자료", https://www.yok.gov.tr/(검색
    일: 2022년 1월 13일)

터키고등교육위원회, "터키 고등교육 정보관리시스템 자료", https://istatist ik.yok.
    gov.tr/(검색일: 2022년 1월 13일)

터키교육부, "터키교육비전 2023", https://2023vizyonu.meb.gov.tr/(검색일: 2022년
    1월 5일)

터키 재외국민 재외동포 공동체, "터키 유학 현황 자료", https://www.ytb.gov.
    tr/(검색일: 2022년 1월 5일)

터키교육부, "터키정부장학 현황", https://abdigm.meb.gov.tr/www/2021-2022-
    hukmet-burslari/icerik/1490(검색일: 2022년 1월 13일)

KOTRA, "2021년 터키 산업 개관", https://dream.kotra.or.kr/kotranews/cms/
    news/actionKotraBoardDetail.do?SITE_NO=3&MENU_ID=200&CONTENTS_
    NO=1&bbsSn=403&pNttSn=192989 (검색일: 2022년 1월 3일)

교육부, "고등교육기관 유학생 수 자료", https://www.moe.go.kr/boardCnts/view
　　　Renew.do?boardID=350&boardSeq=90124&lev=0&searchType=null&status
　　　YN=W&page=1&s=moe&m=0309&opType=N (검색일: 2022년 1월 3일)

KOTRA, "터키 신경제계획 2021-2023관련 자료", https://dream.kotra.or.kr/kotra
　　　news/cms/news/actionKotraBoardDetail.do?SITE_NO=3&MENU_ID=410
　　　&CONTENTS_NO=1&bbsGbn=242&bbsSn=242&pNttSn=185229 (검색일: 2022
　　　년 1월 3일)

터키 교육정보 자료 관련 사이트, "2021년 OECD 교육지표 보고서 관련 분석",
　　　https://tedmem.org/mem-notlari/degerlendirme/bir-bakista-egitim-2021 (검
　　　색일: 2022년 1월 3일)

터키 밀리예트 신문, "터키국립 및 사립 대학 리스트 공시 자료", https://www.
　　　milliyet.com.tr/egitim/turkiyede-kac-tane-devlet-universitesi-kac-tane-
　　　ozel-universite-var-6335791 (검색일: 2022년 1월 3일)/ https://univerlist.com/
　　　tr/blog/turk-ogrenciler-yurt-disinda-egitim-icin-en- fazla-hangi-ulkeleri-
　　　tercih-ediyor/QS World University Rankings 2022, "2022 QS 세계대학 순
　　　위", https://www.topuniversities.com/university-rankings/world-university-
　　　rankings/2022 (검색일: 2022년 1월 3일)

이스라엘

성일광*

Ⅰ. 이스라엘 고등교육 시스템

이스라엘 고등교육 시스템은 몇 가지 목표를 가지고 있다. 교육 및 연구의 우수성을 달성하여 과학 분야의 세계 상위권을 차지하는 것이다. 또한 고등교육에 대한 충분한 접근성을 높이고, 사회와 경제의 요구에 부응하여 자격을 갖춘 교육 인력을 양성하는 것이다. 끝으로 고등교육기관(HEI)의 학문적 자유 원칙은 물론 독립성과 자율성을 유지하는 것이다.

2022학년도 이스라엘 전역에서 63개의 고등 교육 기관이 운영되었다. 10개의 연구 대학, 개방대학(Open University) 1개, 34개의 단과 대학(그중 21개는 국가 예산 및 10개의 비공립 대학)과 21개의 교육 전문대학(교사 양성 대학)으로 구성되어 있다. 이스라엘 중앙통계청 데이터에 따르면 2018/19 학년도에 306,600명의 학생이 고등 교육기관(개방 대학교 포함)에서 학위 과정을 수행했다. 이 중 학부생은 230,800명, 석사 63,400명, 박사 11,400명, 디플로마 1,000명이었다.

---

* 서강대학교 유로메나연구소 책임연구원.

　모든 고등 교육기관은 학사 및 석사 학위 프로그램을 개설할 수 있지만, 연구 대학에서만 박사학위를 수여할 수 있다. 이스라엘이 인정하는 학위의 종류는 학사, 석사 및 박사학위다. 학사 학위는 연구 분야에 따라 3~4년이 소요되며 120~160학점이 필요하다. 일반적인 석사 학위는 2년이 소요되며 연구 트랙에 따라 논문이 있거나 논문 없이 28~36강의 시간으로 구성된다. 박사학위는 4년(실제 평균은 5년)이 소요되며 일부 기관의 규정에 따라 최소 12학점 이상의 출석, 독립적인 과학 연구 논문을 작성하거나 논문 모음집 출판을 통해 학위를 마칠 수 있다. 논문은 이론 및 방법론 참조 그리고 결론으로 구성되어야 한다.

　지난 20년 동안 고등교육 시스템은 몇 가지 극적인 변화를 겪었다. 첫 번째 변화는 고등 교육 기관에 다니는 학생 수가 급증한 것이다. 1990년대 학생 수의 급격한 증가가 있었다. 학문연구에 대한 높은 수요와 이에 대한 새로운 고등 교육 기관의 개원으로 인해 학생 수의 연평균 성장률은 8.1%, 학부 학생의 연평균 성장률은 8.7%로 훨씬 더 높아졌다. 1990년대의 엄청난 성장과 대조적으로 21세기 전환기 학부생 수의 급감으로 연평균 감소율은 3.5%에 근접한다.

〈사진1〉 이스라엘 교육부 전경

　최근 학생 수의 감소로 이스라엘의 고등교육 시스템은 이제 확장 정책에서 기존 교육기관의 강화 및 통합 정책으로 변하고 있다. 당면과제는 기존 기관의 강화 및 권한을 부여하고 학문적인 발전을 꾀하는 것이다. 교육의 수요와 공급 문제를 해결하고 이스라엘과 외국 기관 간의 협력과 교육의 질을 개선하고 연구의 우수성을 지속해서 유지하는 것이다.

　지난 10년 동안 이스라엘 고등교육 위원회(CHE)와 기획예산 위원회(PBC)는 이스라엘의 고등교육 시스템을 개혁하기 위한 몇 가지 목표에 중점을 두었다. CHE-PBC는 국가 다년 계획의 일환으로 이스라엘 고등교육 분야에서 혁신과 기업가 정신을 촉진하는 데 큰 노력을 기울였다. 교육 혁신을 촉진하고 "첨단" 과목을 전공하는 학생 수를 늘리는 조치가 진행 중이다. 이는 2019년 초에 시작된 "새 캠퍼스(New Campus)" 프로그램에 추가되는 새로운 조치이다. "새 캠퍼스" 프로그램은 고등 교육 기관 내 기업가 정신 및 혁신 센터의 설립 및 개선을 지원함으로써 이스라엘 학계의 기업가 정신과 혁신을 장려한다.

　CHE-PBC는 이스라엘의 고등교육 시스템 내에 국제화를 촉진하기 위한 주요 프로그램을 개설했다. 이 프로그램에는 4가지 중점 영역이 있다. (1) 이스라엘에서 공부할 더 많은 유학생 유치, (2) 이스라엘 학생들을 위한 국제 기술 개발, (3) 이스라엘 고등 교육 기관 내 역량 구축, (4) 국제 협력 연구 심화. 이 프로그램의 일환으로 CHE-PBC는 국제화를 위한 제도적인 전략 개발을 지원하고 이 분야의 제도적 역량과 기반 시설을 구축하기 위해 예산을 할당했다. CHE는 "이스라엘 유학" 웹사이트를 개설하고 이스라엘 고등교육을 위한 "마케팅 및 브랜드 전략"의 일환으로 발전시키고 있다. 또한 CHE는 이스라엘 내 유학생 및 박사후 연구원을 위한 다양한 장학금 프로그램을 제공한다.

　아랍 학생들을 지원하기 위해 교육기관에 추가 자금이 제공된다. 문제의 복잡성과 중요성을 고려하여 PBC는 특정 기관이 예산 지원을 받기 위해 충족해야 하는 몇 가지 전제 조건을 설정했다. 이 해결책은 학업 및 사회 프로그램 개설을 목표로 하고 교육기관에 다양한 재정적 인센티브를 주는 묘안으로 고등 교육 기관의 아랍 학생 수를 두 배로 늘렸다.

최근 몇 년 동안 CHE와 PBC는 초정통파 공동체의 고등교육 접근성을 높이기 위해 상당한 노력을 기울였다. 이스라엘의 초정통파 공동체는 정규 교육을 꺼리거나(히브리어와 수학교육 꺼림) 종교 문화적인 어려움 때문에 정규 고등교육 학원으로의 통합에 어려움을 겪고 있다. 초정통파 공동체의 통합 과정을 지원하기 위해 전국에 분포된 다양한 연구 분야에서 인정된 학술 고등 교육기관의 책임하에 지정된 대학 입시 '준비 프로그램' 및 학업 체계가 수립되었다. 이러한 체계는 학사 프로그램을 제공하는 반면, 석·박사 학위는 이스라엘 고등 교육기관에서 가르치는 정규 프로그램의 일부로 제공된다. 또한 초정통파 사회의 경제적 격차를 참작하여 장학금과 대출을 제공하는 특별 프로그램을 신설하였다.

CHE는 대학혁신과 경쟁력 향상을 위해 6개년 계획(2017~2022)인 뉴 캠퍼스(The New Campus) 프로젝트를 가동하고 있다. 뉴 캠퍼스 구상의 시작은 인터넷 혁명이다. 인터넷 혁명은 교육뿐만 아니라 연구 방법 및 취업에도 막대한 영향을 미치면서 대학혁신의 필요성이 제기된 것이다. 인터넷 혁명의 의미는 기존 대학 커리큘럼이나 교수법으로는 시대가 요구하는 인재를 육성할 수 없다는 것이다. 특정 직업의 소멸과 새 직업군의 탄생, 평생 학습체계의 세계적인 변화, 그리고 이스라엘과 해외 고등교육기관 간의 광범위한 학제 간 융합연구 및 지식 교환이 필요해짐에 따라 대학혁신 프로그램을 마련한 것이 뉴 캠퍼스 구상이다. 뉴 캠퍼스는 이스라엘 대학이 21세기에 적응하고 교수와 학생이 다른 학문 분야 간, 학제 간 장벽을 제거하면서 개방성과 기업가 정신을 장려하는 것이 핵심이다.

고등교육위원회는 인터넷을 활용해 누구나 쉽게 접근할 수 있는 혁신적인 교육법인 디지털 학습체계를 구축하고 있다. 디지털 학습의 잠재력을 극대화하기 위해 온라인 학습 과정이 개발되고 있다. 인터넷 활용은 수업 중에 실제로 존재하지 않는 가상의 디지털 도구를 사용하여 지식에 접근할 수 있게 한다. 온라인 교육과정은 무료이고 누구나 접근할 수 있도록 개방하고 있다. 이를 통해 학생과 일반 대중이 다양한 주제를 자유롭게 배우도록 해 사회적 지식 격차를 줄이는 데 일조할 것으로 보인다.

한 걸음 더 나아가 이스라엘은 글로벌 디지털 학습 혁명과 연계하기 위해 미국 하버드대학과 MIT가 설립한 국제 edX 플랫폼에 가입했다. 이를 통해 이 플랫폼에 가입한 현지 학술기관은 이스라엘 플랫폼에 강좌를 제공할 수 있다. 국가 주도적 사업인 디지털 이스라엘(Digital Israel)은 사회복지부와 함께 진행하고 있다. 이스라엘은 디지털 학습 촉진을 통해 20대 이후 세대에게 새로운 지식에 쉽게 접근하도록 할 방침이다. 디지털 혁명 이후 역동적으로 변한 고용 시장에 대처하기 위해 기존 직업군은 주기적으로 새로운 지식을 배워 일터를 바꿔야 할 필요가 있다. 뉴 캠퍼스는 이런 직업군이 자신의 지식과 전문직 스펙트럼을 넓힐 수 있도록 재숙련이나 기술 향상을 돕는다. 또 젊지만, 시대에 뒤처진 학생들, 새로운 직업을 준비하는 사람들, 자신의 풍요로운 삶을 위해 새로운 교육을 받기를 원하는 노인들에게 배움의 기회를 주자는 것이 뉴 캠퍼스의 비전이다. 이스라엘은 뉴 캠퍼스를 통해 사회의 서로 다른 부문들이 서로에 대해 이해하는, 다문화 및 세대 간 대화를 증진하는 장소가 되기를 기대하고 있다.

이에 따라 뉴 캠퍼스는 수백 년 역사를 가진 학문 분야를 보존함과 동시에 학제 간 연구를 방해하는 장벽을 혁신적으로 없애기 위해 노력하고 있다. 특히 다른 영역을 동일한 대학 학위에 통합하는 새롭고 다양한 조합을 허용하는 복수 전공을 장려한다. 예를 들어 이공계열 학생들도 인문학을 배우도록 하고, 인문 사회학과 학생들은 기술 분야도 이중 전공을 할 수 있게 커리큘럼을 짜고 있다. 예컨대 히브리 대학교 '아브네이 피나' 교양 프로그램은 '인문 영역', '사회 영역', '(과학) 분석 영역'으로 나누어진다. 히브리 대학교는 7개의 학부(faculty)와 14개의 학교(school)로 이루어져 있지만 '아브네이 피나' 프로그램은 7개의 학부와, 교육 / 경영 / 엔지니어링 및 컴퓨터 과학 / 사회사업 스쿨 등의 4개 학교에만 적용된다. 참여 방식을 살펴보면, 학부와 학교별로 각각 요구하는 영역 및 이수 학점을 명시한다. 히브리 대학교의 7개 학부는, 인문과학, 사회과학, 수학 및 자연과학, 법학, 의학, 치의학, 농학으로 구성되지만, 여기서는 인문과학, 사회과학, 수학 및 자연과학의 세 학부를 보기로 들고자 한다. 아울러 각 학부별로 단수 전공, 복수 전공, 복합 과정에 따라 요구하는 기준이 다르지만, 여기서는 단수 전공만을 소개한다.

1. 인문과학(단수전공)

'아브네이 피나' 프로그램 8학점 이수: 4학점은 (과학) 분석 영역 / 4학점은 사회 영역에서.

〈참조〉 심리학의 '인지분야'와 '하바짤로트' 과정(군장교 과정)은 '아브네이 피나'를 면제함.

2. 사회과학(단수전공)

'아브네이 피나' 프로그램 8학점 이수: 4학점은 인문 영역 / 4학점은 (과학) 분석 영역에서.

〈참조〉 통계 및 자료 분석 과정은 '아브네이 피나' 프로그램 6학점 이수. 단, 2학점은 반드시 생명과학부의 (과학) 분석 영역에서 취득해야 함 / 나머지 4학점은 인문 영역에서.

3. 수학 및 자연과학(단수전공)

'아브네이 피나' 프로그램 8학점 이수(수학 분야 제외): 4학점은 인문 영역 / 4학점은 사회 영역에서.

〈참조1〉 수학 분야는 마찬가지로 인문 영역 4학점, 사회 영역 4학점이

기본이지만, 이 영역들 가운데서 자연과학부를 위해 개설된 수학 과목 가운데서 2학점을 취득할 수 있다.

〈참조2〉 '탈피오트' 과정(과학영재 과정)/ 지구과학(생물학, 대기, 기후, 해양 관련) 분야는 총 6학점을 이수하는데, 인문 영역과 사회 영역에서 각각 2학점을 취득하고, 나머지 2학점은 인문, 사회 구분 없이 본인이 원하는 과목에서 취득할 수 있다.

이러한 참여 방식에 나타난 '아브네이 피나' 프로그램의 모습은 수준별 단계별 맞춤 교육이나 다음 단계를 위한 기초, 또는 준비 과정이 전혀 아니다. 그 핵심은 학문의 대상과 방법론과 사고 체계가 전혀 다른 인문과학, 사회과학, 자연과학 사이의 수평적이고 진지한 소통에 있다. 현대는 4차 산업혁명과 함께 학제 간, 학문 간 '융복합'이라는 구호가 익숙한 시대이다. 히브리 대학뿐만 아니라 이스라엘 대부분의 대학에서 이러한 '융복합' 시스템은 수십 년 전부터 보편화되어 있던 방대한 복수 전공 및 복합 과정을 통해 이미 자연스럽게 구축된 상태이다. 즉, 학문 영역 간의 이동이 이미 자유롭게 이루어지고 있다. 다시 히브리 대학교가 2010년도부터 새삼스럽게 '아브네이 피나' 프로그램을 통해 학부생 전체에게 서로 다른 학문 영역 간의 소통을 요구한다는 것은, 결국 학문 간의 '융복합' 체제를 더욱 확대하고 일반화시키겠다는 의지의 표현이다.

고등교육기관의 국제화 강화는 유능한 유학생을 받아들이고, 이를 통해 이스라엘 고등기관의 국제적 명성을 강화함으로써 이스라엘 학계의 경쟁력을 높이기 위한 것이다. 특히 이스라엘은 고등교육의 국제화 촉진은 학문적 관점뿐만 아니라 정치적(외국과의 외교적 관계), 사회적·경제적 측면에서도 매우 중요하게 보고 있다.

현재 이스라엘 고등교육기관 유학생의 비율은 약 1.4%에 불과하다. 이 비율은 현재 약 6%인 OECD 국가의 평균보다 현저히 낮다. 여러 가지 이유가 있지만, 이스라엘의 고등교육기관에서 대부분의 교육이 히브리어로 진행되어 언어장벽이 큰 것으로 보고 있다. 나아가 유학생들의 배우자에 대한 비자 및 노동 허가 제한과 같은 정치적 장애물도 한몫하고 있다. 현재 CHE와 PBC는 이러한 제약요인을 제거해 2022년에 약 2만 4천 명의 유학생 유치를 목표로 잡고 있다. 이는 2017년 유학생 약 1만 1천 명 대비 두 배로 늘어난 수치다. 좀 더 구체적으로 살펴보면 2017~2022년 사이에 외국인 박사후 학생 비율은 120%(1천 43명에서 2천 300명)로 증가하고 외국인 박사 과정 학생은 60%(791명에서 1천 265명)로 증가할 것으로 예상했다. 또 같은 해에 외국인 석사 학위 학생 수를 두 배(1천 462명에서 3천 명)로 늘리고 외국인 학사 학위 학생 수도 30% 증가(1천 933명에서 2천 500명)하기를 기대하고 있다. 여름학기 등 단기 프로그램 유학생 수도 150%(6천 명에서 1만 5천 명으로) 늘릴 방침이다.

〈표1〉 2017~2022년 국제 학생 증가율 목표(CHE)

학위 과정	증가율
박사후 과정	120%
박사과정	60%
석사과정	105%
학사과정	30%
단기과정	150%

〈그림1〉 학부, 석사, 박사, 박사후 과정 국제학생 증가목표 그래프

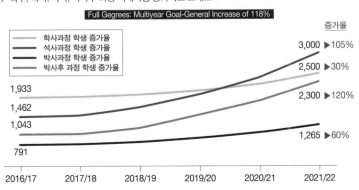

II. 이스라엘 주요 대학

1. 히브리대학

예루살렘에 있는 히브리대학교(The Hebrew University of Jerusalem)는 세계 곳곳에 흩어져 있던 유대인들이 조상의 땅인 팔레스타인에 유대 민족 국가를 건설하려는 민족주의운동의 결실이다. 19세기 후반 처음 히브리대가 제안될 때부터 유대 민족의 성지(聖地)인 예루살렘에 입지를 검토하면서 진행됐다. 1918년 히브리대의 초석이 놓였고, 7년 후인 1925년 4월 1일 히브리대 하르 하쪼핌(전망산) 캠퍼스가 완성되었다. 1949년 5월 의과대학을, 1949년 11월 법과대학, 1952년 농업연구소를 설립했다. 1925년 같은 해에 개교한 테크니온 공대와 함께 이스라엘에서 가장 역사가 오래된 대학이자 이스라엘 대학 가운데 처음으로 세계대학 순위 100위 안에 포함된 명문대학이다. 히브리대는 학문 및 교육에 있어 최고를 지향하며 인류학, 사회과학, 기초과학, 의학 등 다양한 분야에서 뛰어난 연구업적을 드러내고 있다.

해외 대학 및 학술기관과의 교류도 활발하다. 이스라엘 국가 연구보조금의 3분의 1이 히브리대 연구자에게 주어지며, 젊은 연구자를 위한 지원금 부문에서 유럽 내 1위를 기록할 정도로 국내외에서 연구력을 인정받고 있다. 세계대학 가운데 처음으로 기술이전회사(이쑴)를 설립했으며, 세계 각지의 사람들에게 온라인 학습을 제공하는 코세라(Coursera)에 빨리 가입한 기관 중 하나다. 현재 2만 3천 명의 학생이 재학 중이며, 이 가운데 절반이 학부생이다. 외국인·유학생은 2천 명이 넘는다.

히브리대는 통신과 인터넷을 통해 연결된 세계는 앞으로 사이버 범죄뿐만 아니라 기후변화로 인한 기근, 전염병과 가뭄 등 예전에 경험하지 못한 도전적인 과제에 인류가 직면할 것으로 보고 있다. 이에 히브리대는 우수한 교수진 등 학교의 모든 역량을 동원해 차세대 의료인, 과학자, 혁신가를 육성해 앞으로 다가올 미래를 이끌고 인류가 가야 할 방향을 제시하는 데 더 큰 역할을 하기 위해 노력하고 있다. 우선 4차 산업혁명 시대 그 중요성이 점점 주목받고 있는 컴퓨터 사이언스(Computer Science) 전공생을 5년 뒤 2천 명으로 늘리는 학사 개편을 진행하고 있다. 어떤 분야에 종사하더라도 컴퓨터 사이언스에 대한 기반 지식이 필요한 만큼 현재 1천 300명인 전공 학생에 학과 정원 증원, 문과 및 예술계통 학과의 융합 전공 신설 등 다양한 방법으로 전공 학생을 늘리고 있는데 이미 컴퓨터 사이언스 전공생 목표인 2천 명 육성을 넘어섰다고 한다.

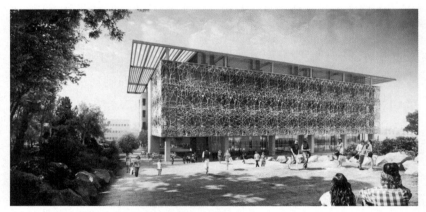

〈사진2〉 히브리대학교의 에드먼드 릴리 사프라 뇌과학센터

두 번째는 야심 차게 조성 중인 이노베이션 파크, 사이언스 캠퍼스 내에 매머드급으로 조성 중인데 완성되면 5천 개의 용지가 생긴다고 한다. 하이테크, 바이오테크, 나노테크 등 이노베이션 파크 내에서 모든 게 가능할 정도로 혁신공간이 될 것으로 기대하고 있다. 캠퍼스 내에 소재하기 때문에 입주기업은 교수진, 연구원, 학생 등과 교류하면서 혁신적인 작업 수행이 가능하다고 한다.

마지막으로 기업가 정신 프로그램이다. 기존 프로그램을 최근 추가적으로 보완했다고 한다. 교수진, 연구원, 학생 중심에서 다른 대학이나 연구소

와도 협업할 수 있도록 했다. 베짤렐(Bezalel)디자인 아카데미와 아즈리에일리 (Azrieli)공과대학과 협력해 예루살렘 시내에 기업가정신 센터를 설립하기로 하고 최근 고등교육위원회로부터 보조금을 받았다.

〈표2〉 전략적 협력과 일반 협력 관계

전략적 협력관계
독일의 자유대학
오스트리아 빈대학
스위스의 제네바 대학
싱가포르의 싱가포르 국립대학 (NUS)
싱가포르의 난양 기술대학 (NTU)
캐나다 토론토 대학

협력관계
미국 일리노이즈 시스템
호주 멜버른 대학
미국 클리블랜드 클리닉 재단
프랑스 에콜 폴리테크니크
킹스 칼리지 런던
북경대
상하이 교통대
독일 본 대학
중국 국가나노과학기술 센터 (NCNST)
중국 중남대학
타이완 중앙연구원

히브리대학의 국외대학 협력 상황

히브리대학은 세계 유수 대학과 전략적 글로벌 협력관계를 체결했다. 이들 대학과 공동 학술 활동, 공동 연구 프로젝트, 공동 워크샵을 통해 협력하고 있다. 자유대학, 빈 대학, 제네바 대학과 싱가포르 국립대학(NUS), 난양 기술대학 (NTU), 토론토 대학이 히브리 대학과 전략적 협력관계를 유지하고 있다.

히브리대학은 수년 동안 일반 협력대학과의 교육과 연구 분야의 학술적 협업을 발전시키기 위해 투자를 꾸준히 해 왔다. 2019년 히브리대학과 일리노이주 대학 시스템(University of Illinois System)의 디스커버리 파트너스 연구소가 세계 난제 해결을 위한 협력에 합의했다. 히브리 대학의 전문가들이 기업가정신, 식품과 농업, AI, 사이버안보와 빅데이터를 포함한 컴퓨팅 등의 핵심 3가지 분야에 참여하고 있다. 2008년 히브리 대학은 멜버른 대학과 교환학생과 연구협력 MOU를 체결했다.

2017년 히브리대학의 나노기술과 나노과학 센터와 약학대학은 클리블랜드 클리닉 재단과 연구협력과 교환학생 프로그램 운영에 합의했다. 2016년 히브리대는 에콜 폴리테크니크와 인턴쉽과 교환학생 프로그램을 개설했다. 2019년 히브리 대학과 킹스 칼리지 런던은 공동 시드 펀딩 제도를 만들어 두 기관의 연구자들 간 협업을 장려하고 있다. 히브리대와 북경대는 1993년 이후부터 협력관계를 유지해 왔다. 교환학생과 직원교류는 물론 여름방학 프로그램과 공동 공자(孔子) 연구소를 예루살렘에 세웠다. 2013년 상하이 교통대학은 히브리 대학과 교환학생, 여름 프로그램과 공동 시드 펀드와 공동학위과정을 열기로 합의했다.

2. 테크니온공과대학

테크니온공과대학(TECHNION Israel Institute of Technology)은 '게임 체인저'로 불린다. 테크니온공대는 전 세계 기술혁신을 주도하고 이스라엘이 창업 국가와 혁신국가로 발전하는 데 결정적인 역할을 했기 때문에 이스라엘을 대표하는 최고의 대학이라는 평가를 받고 있다. 1924년 17명의 학생(1명은 여학생)으로 정식 개교했다. 당시 알베르트 아인슈타인은 직접 학교를 둘러보고 커리큘럼 구성 등 학교 설립에 깊이 관여했다. 자신이 직접 강의는 하지 않았지만 제자와 동료 과학자들이 테크니온공대에서 강의하도록 했으며, 자신은 독일에서 처음으로 후원그룹인 테크니온 협회를 결성해 물심양면으로 학교발전을 도왔다. 테크니온공대는 과학기술 강국 이스라엘을 대표하는 고등교육기관으로 성장했다. 테크니온공대는 로이터 통신이 뽑은 '세계에서 가장 혁신적인 100개 대학'에 3년간 포함되었다. 세계대학 순위 (상하이 교통대 순위)도 최근 7년 연속 세계 100대 대학에 포함되었으며, 이공계 대학으로서는 세계 50위권 내에 꾸준히 이름을 올리고 있다. 교수와 연구진 수준을 비교한 세계순위에서 8위를 차지했는데 미국대학을 제외하고는 가장 높은 순위였다. 현재 공학, 의학, 자연과학 등 18개 학부에 1만 4천 500여 명이 재학 중이며 이 가운데 외국 유학생은 1천 명 정도다. 학부생이 약 1만 명이고 석사과정 3천 100여 명, 박사과정 1천 100명이며, 교수진은 550여 명이다. 60개의 연구 센터와 133개의 학술프로그램을 운영 중이다.

테크니온공대는 개교 후 치열한 토론을 거쳐 순수기초학문을 연구하고 건국과 국가안보를 위해 꼭 필요한 학문연구에 집중하기로 방향을 잡았다. 국가를 유지하고 국제경쟁력 강화에 필요한 인력 공급을 위한 대학 운영을 표방한 것이다. 테크니온공대는 짧은 대학역사에도 불구하고 미래전략 과학기술에 대한 선제적인 연구로 국제적인 이공계 연구중심대학으로 성장했다. 대표적인 사례는 1950년대 초반 개설한 항공우주 학부다. 당시만 해도 많은 국가가 항공우주산업에 무관심한 상황에서 테크니온공대는 이를 미래전략산업으로 보고 연구에 매진한 것이다. 그 덕에 이스라엘 항공우주산업은 세계적인 평가를 받고 있으며, 드론개발, 방위산업 등에서 세계 상위권을 유지하고 있다.

테크니온공대는 이미 1960년대에 컴퓨터사이언스(CS)와 전기공학(EE) 학부도 신설했다. 컴퓨터가 상용화되기 훨씬 앞서 이미 학문연구를 시작한 것이다. 나아가 1969년에는 의과대학을 설립한다. 이공계 학교에 의과대가 왜 필요하냐는 문제 제기도 있었으나 '미래과학은 의학기술도 중요하다'는

관점에서 설립이 허가됐다. 이 같은 선견지명으로 테크니온공대는 의학과
과학을 접목한 새로운 영역에서 전 세계 선두주자의 위치를 확보했다. 50년
이 지난 지금 과학과 의학의 융합연구로 바이오, 의료용 로봇 등 기술이 기
반이 된 의학발전을 주도하고 있다.

현재 나노기술과 물기술에서 단연 앞서고 있다. 나노기술을 이용해 히브
리어로 된 초극소형 바이블을 3개 제작해 학교와 교황청 등에서 보관하고
있다. 테크니온공대에는 물 관련 세계적인 연구소가 있다. 물처리, 재활용,
물보안 등에서 세계적인 경쟁력을 확보하고 있다. 테크니온공대는 앞으로
는 학생의 50%가 완전히 새로운 산업에 종사할 것으로 예측되는 만큼 디지
털 기술을 키우는 데 교육의 중점을 두고 있다. 변호사 등 비과학 분야 종사
자도 데이터나 디지털 기반을 확실히 하도록 하고 있다. 태양에너지, AI, 자
율주행차, 바이오, 치매 등 세계 각국이 기술 선점을 위해 치열하게 경쟁 중
인 거의 모든 분야에서 테크니온공대는 선두그룹을 형성하고 있다.

짧은 역사에도 불구하고 화학 분야에 3명의 노벨상 수상자를 보유하고
있다. 이스라엘은 노벨화학상 수상자가 4명인데 3명이 테크니온공대 출신
이다. 또 현대인의 필수품이 된 USB 메모리와 이스라엘 미사일 방어(MD) 시
스템인 아이언돔(Iron Dome) 등 획기적인 발명품은 테크니온공대 출신들이
최초로 개발했다. 미국 나스닥시장 상장 기업은 국가별로 이스라엘이 미국
과 중국에 이어 3위인데, 이스라엘 상장 기업의 3분의 2가 테크니온공대 출
신이 이끌고 있다고 한다. 테크니온공대 졸업생의 70% 이상이 이스라엘의
경제 성장을 이끄는 첨단 기술 분야에 종사하고 있다. 현재 이스라엘 회사
는 이스라엘의 기술 인력 중 85%를 테크니온공대 출신으로 고용하고 있다.

1995년부터 2014년 사이 20년 동안 테크니온공대 출신들이 무려 1천
602개의 기업을 창업했다. 업종비중은 ICT가 53%, 생명과학이 24% 등으로
기술선도형 기업이다. 이 가운데 800개 이상의 기업이 아직도 활동 중이다.
또 300개 기업은 합병이나 인수되면서 260억 달러의 가치를 창출했다고 한
다. 그동안 창업으로 인해 최대 10만 개의 일자리를 창출한 것으로 테크니

온공대는 자체 분석하고 있고 이를 매우 자랑스럽게 여기고 있다.

현재 교수나 대학원생 등에 의해 매년 12~15개의 스타트업이 창업되고, 2010년부터 2015년 동안 테크니온 회사에 최대 300만 달러 투자 유치에 성공했다. 또 기술 상용화로 연간 3천 500만 달러의 수익을 얻고 있다. 테크니온공대 연구진과 학생들의 혁신성과 기업가 정신을 높이 산 구글, 아마존, 마이크로소프트 등 글로벌 플랫폼 기업들은 테크니온공대 주변에 연구소를 마련하고 있다. 테크니온공대 출신 연구원, 졸업생들과 협업을 통해 기업 혁신성을 끌어올리기 위해서다. 그동안 테크니온공대 출신들이 일궈낸 혁신적인 기술이전 사례를 보면 왜 글로벌 기업이 테크니온과의 협력에 높은 비중을 두고 있는지 알 수 있다.

최근 몇 년간 과학·정보기술 분야에서의 혁신기술을 보면 △나노미터 척도 광학 센서(Optical sensing at the nanometer scale) △효율적 수소 생산(Efficient Hydrogen production) △블랙홀 에너지 연구 △단일 광자 방출(Single photon emissions) △생명과학, 의학, 바이오메드, 의약 △항바이오 저항성(Antibiotic resistance) △심박조율기 줄기 세포(Pacemaker stem cells) △새 항생제(New type of antibiotics) 등 굵직한 것이 많다.

테크니온공대의 글로벌 협력관계에서 가장 돋보이는 것은 미국 뉴욕에 있는 제이콥스 테크닉-코넬 연구소(JacobsTechnion-Cornell Institute)와 중국 광둥성 산터우에 있는 광둥-테크니온 연구소(Guangdong Technion Israel Institute Technology: GTIIT)다. 제이콥스 테크닉-코넬 연구소는 2008~2009년 미국 금융위기 때 블룸버그 뉴욕시장이 금융 일변도인 뉴욕경제의 구조개혁 필요성을 절감하면서 구상하기 시작했다. 블룸버그 시장은 지나치게 큰 비중을 차지하는 금융 분야 외에 새로운 혁신성장 동력을 창출하기로 한 것이다. 이러한 새로운 포트폴리오 계획에 따라 공모를 거쳐 코넬대와 테크니온공대 컨소시엄인 제이콥스 테크닉-코넬연구소가 선정된 것이다. 테크니온공대의 혁신성과 기업가 정신 교육체계를 배워 뉴욕을 창업의 허브, 혁신의 허브로 육성하기로 한 것이다. 뉴욕 루즈벨트 섬에 캠퍼스가 조성됐으며,

미국 내에서 완전한 학위를 주는 유일한 외국 대학이다. 당시 뉴욕에서 매년 3천~4천명이 스타트업을 창업하는데 그중 10% 정도가 이스라엘 사람인 것을 블룸버그 시장이 주목하고 이스라엘 대학 가운데 가장 혁신성이 높고 창업시스템이 잘 돼 있는 테크니온공대와 손을 잡기로 한 것이다.

광둥-테크니온 연구소 또한 비슷한 과정을 거쳐 설립됐다. 세계 30대 부자로 알려진 홍콩 Sun Yefang Foundation의 이사회 회장인 리 카싱(Li Ka-shing)의 제안으로 개교했다. 광둥성 산터우 출신인 리카싱은 고향에 세계적인 기술대학을 설립하기로 하고 전 세계 70여 개 대학을 견학한 후 테크니온공대를 선택했다고 한다. 역시 테크니온공대의 혁신성과 기업가 정신 교육체계를 높이 산 것이다. 리카싱의 기부와 광둥성, 산터우(Shàntóu) 지자체의 예산 등으로 최첨단 캠퍼스를 조성해 2017년 8월 개교했다. 광둥-테크니온 연구소의 비전은 과학 및 기술 분야의 최첨단 연구를 수행하는 세계적 수준의 국제 대학이 되는 것이다. 테크니온공대의 노하우를 물려받아 산터우 및 광둥성에서 하이테크 산업 생태계를 육성하고 있다. 영어로 교육하며 재료공학과, 식품공학과, 화학공학과, 환경공학과 등에 5천명 정원을 목표로 하고 있다.

3. 와이즈만 과학 연구소

와이즈만 과학 연구소(1934년 설립, 레호봇 소재) : 원래 시에프 연구소라는 이름으로 설립된 와이즈만 연구소는 1949년 확장되면서 이스라엘 초대 대통령이자 저명한 화학자인 하임 와이즈만 박사의 이름을 따왔다. 오늘날 이 연구소는 물리학, 화학, 수학, 생명과학 연구 분야의 대학원 과정이 널리 인정받고 있다. 이곳 연구자들은 산업 발전과 새로운 과학 기반 사업체 창립을 촉진하기 위해 고안된 각종 프로젝트에 참가하고 있다. 이 연구소에는 고등학교에서 사용할 교과 과정을 준비하는 과학 교수법 학과도 있다. 이 연구소는 세계 10대 연구소에 속한다.

〈사진3〉 와이즈만 과학 연구소

4. 바르일란 대학교

바르일란 대학교(1955년 설립, 라마트 간 소재): 바르일란 대학은 원래 유대교 종교 학교로 출발했다. 독특한 통합적 접근방식을 구현하여 유대학 전통 분야의 심화 학습 프로그램과 사회과학을 중심으로 한 광범위한 학문 분야의 일반교양 교육을 결합했다. 전통과 현대 기술을 결합한 이 학교는 물리학, 의화학, 수학, 경제학, 전략학, 발달 심리학, 음악학, 성서, 탈무드, 유대법 등 많은 연구소를 운영하고 있다.

5. 텔아비브 대학교

텔아비브 대학교(1956년 설립): 텔아비브대학(Tel Aviv University: 이하 TAU)은 1956년 3개의 교육기관이 합병돼 탄생했다. 텔아비브 법과대학(1935년 설립), 자연과학연구소(1931년 설립), 유대학연구소(Institute of Jewish Studies)의 3개 연구 기관이 합치면서 개교했다. 이스라엘에서 가장 규모가 큰 대학이자 전세계 유대인 대학 가운데 가장 큰 대학이다. 종합적 고등교육 기관인 TAU는 과학, 인문, 예술 분야에 걸쳐 9개 단과대학, 125개 이상의 학과(부)에서 3만명 이상이 공부하고 있다. 해외유학생 비중은 10%이며 학부생은 1만 5천명이다. 학제 간 협력을 이 대학문화의 핵심가치로 삼고 학문 간 벽을 허물고 적극적인 학제 간 융합연구를 통해 21세기의 가장 시급한 과제를 해결하기 위해 노력하는 대학이다. 대학에서 기업가정신 커리큘럼을 최초로 만든 학교로 이스라엘이 스타트업 국가로 나아가는 데 결정적인 역할을 했다. 2019년 QS조사에서 교수 1인당 인용횟수에서 세계 21위, 이스라엘 1위를 차지할 정도로 1천여 명의 교수진은 대부분 해외학위 소지자들이다. 유럽연구위원회(ERC)의 젊은 연구원 연구보조금 지급에서 172개 연구기관 중 4위를 차지했다. 2018년 상하이 랭킹에 따르면 컴퓨터학부 세계 37위, 심리학·생물학·수학·법학 75위, 경제·통계·사회학 100위권 내 등 많은 학문분야에서 세계 톱100에 들었다.

TAU는 다양성을 지닌 고등교육기관이다. 거의 모든 학과(부)가 있을 정도로 이스라엘 내 최대 종합대학이다. 대부분의 학과(부)가 국제 경쟁력을 가질 정도로 수준이 높다. 국제학계에서 영향력 있는 교수진을 확보해 교육과 연구 두 분야 모두 강점을 가지고 있다. TAU는 이런 강점을 최대한 활용해 학문 간 경계를 허문 융합연구대학의 선두주자이다. 의학, 철학, 윤리, 과학, 예술 등의 경계를 설정하지 않고 인체와 환경을 하나의 시스템으로 간주하는 르네상스 정신으로 미래를 위한 연구를 주도하고 있다. 자신의 분야에서 탁월한 교수와 연구원들이 다른 분야 동료들과 협력을 통해 지식의 경계를 넘는 연구를 촉진하고 있는 것이다. 예를 들어 심리학과와 생물학자는 뇌 영상으로 감정을 매핑하고 생물학적 용어로 의식을 정리하지만 철학자는 이것이 가능한지 또는 도덕적인지를 같이 연구한다. 생물정보학(bioinformatics) 연구는 생명과학부, 의학부, 컴퓨터과학부 연구진이 융합연구를 통해 의학, 농업, 생명과학 등 다양한 분야로의 연구개발을 촉진시키고 있다. 학제 간 연구는 인문, 예술분야에서도 활발하다. 문화연구는 학술 연구, 논평, 과학글쓰기 등 다양한 활동으로 문학, 역사, 디지털문화 간 상호

관계를 발전시키고 있다. 예술분야 또한 TV, 영화, 음악, 연극, 건축 및 사진 등 학제 간 만남을 통해 예술의 보편적 기반을 발견하고 확장하고 있다.

이 같은 학문 경계를 허문 연구를 다방면으로 진행해 약 130개의 연구소 및 연구센터를 운영하고 있다. 특히 신재생에너지, 나노과학, 뇌연구, 생물정보학, 사이버보안, 신경과학 등의 분야에서 학제 간 연구를 위한 최상의 조건을 갖추고 있다.

TAU는 이스라엘 최대의 슈퍼컴퓨터와 중동 유일 천문대를 보유하고 있다. 곡물개선연구소(The Cereal Crops Improvement Institute)는 세계 여러 나라에 향상된 품종의 종자를 공급해 왔다. TAU는 130개 연구기관 운영을 관할하는 연구청을 두고 있다. 이 연구청은 △국내외 연구지원정보 수집 △연구제안서 작성 대행 △연구 계약 △연구 예산 관리 △연구 성과 모니터링 △정책 홍보 등을 담당하며 연구기관을 지원하고 있다.

TAU는 이 같은 체계적인 연구시스템으로 이스라엘 정부에서 전략적 지원을 위해 선정한 11개 우수센터(Center of Excellence) 중 7개에 독자적 혹은 다른 연구소와 파트너로 참여하고 있다. 집단 외상 연구(mass trauma research)와 식물이 변화하는 환경에 적응하는 연구는 TAU가 주도하며, 양자(quantum)세계연구는 와이즈만연구소와 공동연구를 진행하고 있다. 근대유대문화연구, 빅뱅연구 등 5개 연구는 다른 기관들이 주도하는 가운데 TAU 교수진이 참여하고 있다.

이들 우수센터 지원은 세계 최고 연구센터로의 성장을 목표로 하고 있다. 우수센터에 혁신연구와 학제 간 연구를 장려해 혁신적인 연구성과물이 나타나기를 기대하고 있다. 이스라엘은 향후 인문, 사회과학분야까지 포괄해 30개 우수센터를 지정하고 15년간 집중적으로 재정지원을 할 방침이다.

TAU는 매년 6월에 국제 사이버 안전회의를 개최하는데 전 세계에서 8천 명 이상의 사이버보안 관련자들이 TAU에 모인다. TAU는 현재 미국, 독일, 인도, 이탈리아, 싱가포르 등 세계 여러 나라와 파트너 관계를 맺고 사이버 분야에서 공동 연구 프로젝트를 진행하고 있다. TAU가 국제 사이버 안전회의를 개최하게 된 것은 융합연구를 통해 사이버 위협에 대처하기 위해 정부, 학계, 기업 및 국제 협력을 시작해야 할 필요가 있음을 최초로 주장했기 때문이다. 회의가 열리는 사이버 위크(Cyber Week) 기간 군대, 다국적 기업, 싱크탱크 등에서 최고의 사이버 전문가들을 한자리에 모여 증가하는 전 세계의 사이버 위협에 대한 대처방안을 논의한다. 세부 주제로는 사이버와 여성, 사이버에서 인공지능의 역할, 사이버 공격으로부터 핵심 인프라를 보호하는 방법, 사이버 사기의 위협, 사물 인터넷, 개인정보 보호 문제 등이 다뤄졌다.

TAU는 오늘날 이스라엘이 창업국가로 발전하고 대학이 스타트업의 산실이 되는 데 주도적인 역할을 했다. 이스라엘에서 학교 커리큘럼에 기업가정신(Entrepreneurship)을 처음으로 도입한 대학이다. 첨단기술개발에 학제 간 융합이 필요하듯이 기업가정신 또한 공학이나 경영학과 같은 일부 학과(부) 학생에게만 필요한 것이 아니라 학부생 모두에게 필요하다는 판단에 따라 정규 교과과정에 강좌를 개설했다. 기업가정신센터에서 한걸음 더 나아가 내년부터는 모든 학부에서 비즈니스 및 사회적 기업가정신을 가르치기로 결정했다. 특히 주목해야 할 부분은 '사회적 기업가정신(Social Entrepreneurship)'이다. 사회적 기업가정신은 교육, 복지, 환경, 빈곤 감소, 인권 등 다양한 분야에서 사회문제에 대한 혁신적인 해결책을 찾기 위해 노력하는 것이다. 대부분 프로젝트는 협회나 공익기관 형태로 비정부 및 비영리 기관으로 운영된다. TAU는 이들 사회적 기업이 자선사업에 대한 의존도를 줄이고 자체 소득을 창출하도록 하는 모델을 개발하고 지원하고 있다. 이 프로젝트는 사회적 기업이 사회적 역할과 경제적 이익이라는 두 가지 이익을 극대화하는 방향으로 진행되고 있다. 이는 혁신과 창조성을 사용해 지속가능한 사회 및 환경 솔루션을 창출해 우리가 사는 세계에 긍정적인 영향을 미치려는 학생들이 그 꿈을 이루도록 길을 제시해 주는 것이다.

TAU는 그동안 2천 400개의 특허를 등록해 연간 평균 75개의 새로운 특허출원을 하고 있다. 이는 60개 이상의 신생기업과 200개 이상의 라이선스 및 옵션계약을 체결하는 것으로 이어졌다. TAU는 2018년에 37건의 미국 특허로 세계대학 가운데 66위, 이스라엘 내 1위를 차지했다. 특허의 실용성과 기술력도 높아 현재 알츠하이머, 파킨슨병, 암, 당뇨병, 기타 주요 질병에 대한 25개의 새로운 약물과 치료법이 TAU 파트너들의 개발 파이프라인에 있다. 이처럼 TAU가 좋은 성과를 낼 수 있었던 것은 기술이전을 맡고 있는 대학 기술이전회사인 라못(RAMOT)과 그 자회사인 타워벤처가 있었기에 가능했다. 라못은 대학 내 130개 연구기관과 교수, 학생들이 개발한 새로운 기술을 특허등록하고 이를 상용화하는 역할을 하고 있다. 대규모 학제 간 융합연구를 통해 전혀 새로운 기술이 탄생하는 만큼 잘 관리해 최대한 상

〈사진4〉 텔아비브 대학 소개 한글 브로셔

용화가 가능한 방법들을 찾고 있다.

라못은 다양한 경로를 통해 유망한 혁신에 대한 투자를 개시, 관리 및 장려한다. TAU에서의 혁신을 통한 성과물인 연구결과가 사장되지 않도록 최대한 활용법을 찾는다. 이를 통해 국가와 사회에 긍정적인 영향을 미치는 응용 분야의 발전을 촉진하고, 차세대 더 큰 아이디어를 실현하는 바탕을 마련하기 위해 애쓰고 있다.

자회사인 타워벤처는 학생, 연구원, 교수 등이 새로운 아이디어를 기반으로 회사설립이나 투자유치 등을 지원하는 회사다. 아이디어가 새로운 창업을 위한 새싹으로 성장하도록 전문가 멘토링과 투자자 매칭 등을 해 주고 있다. 구체적으로 기업가정신 커리큘럼은 창의적 사고 강좌, 이노베이션 강좌, 새로운 걸 어떻게 시작할 수 있는가에 대한 강의, 법학과 스타트업 등이다.

6. 하이파 대학교

하이파 대학교(1963년 설립): 이스라엘 북부지역의 고등교육 거점 역할을 담당하는 하이파 대학은 학제 간 연구 기회를 제공하고 있으며, 학부 간 센터와 연구소 및 전반적인 구성 계획을 바탕으로 이러한 학문적 접근을 용이하게 수행하도록 배려한다. 이 대학에는 이스라엘의 유대인과 아랍인 사이에서 이해와 협력 증진을 도모하는 연구 센터와 사회적, 경제적 실체로서 키부츠를 연구하는 학과 과정도 운영된다.

7. 벤구리온 대학교

네게브 벤구리온 대학교(1967년 설립, 브에르셰바 소재): 벤구리온 대학은 남부 이스라엘 지역민들에게 교육 서비스를 제공하고 사막 지역의 사회적, 과학적 발전을 촉진하기 위해 설립되었다. 이 학교는 건조 지역 연구에 크게 공헌했으며 의과대학은 국내의 지역사회 중심 의학에서 선도적 역할을 했다.

스데 보케르 키부츠에 위치한 대학 캠퍼스에는 이스라엘의 초대 총리 다비드 벤구리온의 생애와 시대의 역사적, 정치적 특징을 연구하는 센터가 있다.

8. 개방 대학교(1974년 설립)

영국의 대학 형태를 바탕으로 설립한 개방 대학은 주로 자습용 교재와 안내서를 토대로 체계적으로 구성된 과제물과 정기적 개인지도로 부족한 부분을 보완하고 기말 시험을 실시하는 탄력적인 방식을 활용하여 학사 학위를 취득할 수 있는 형식으로 운영되며, 우리나라의 방송통신대학과 같은 유형이다.

Ⅲ. 이스라엘 유학생 현황

이스라엘 중앙통계청에 따르면 2017년 외국에서 고등교육을 받기 위해 떠난 이스라엘 유학생은 전년 대비 26.2% 증가해 3만 3,073명으로 나타났다. 2013년 이스라엘 유학생은 2만 6,215명이었다. 이스라엘 유학생의 11%는 박사 과정을 밟고 있었고 9.4%는 의대에 4.6%는 대학원생이며 5.8%는 학부생이었다. 이스라엘 유학생은 정밀과학과 공학 전공자가 인문학과 사회과학에 비해 높은 편이었다. 박사과정생 24.2%는 수학, 20.6%는 생리학, 19.3%는 컴퓨터 과학 분야이다. 이스라엘 대학원 유학생의 22%는 음대를, 15.7%는 수학, 15.5%는 컴퓨터 과학을 전공했다. 2017년 국무부 조사에 따르면 미국에서 활동 중인 이스라엘 연구자는 1,725명으로 전년 대비 5.6% 증가했다.

많은 이스라엘 학생들이 아이비리그로 유학을 떠났다. 2012/2013년 2,430명의 이스라엘 학생들이 미국에서 수학했으며 700명의 학부생, 1,291명의 대학원생, 148명은 비학위, 291명은 OPT (실습) 수업을 들었다. 이스라엘 학생들이 가장 선호하는 유학지는 미국이고 그다음은 캐나다, 오스트레일리아, 영국 순이며 동유럽의 학교도 인기가 있다. 2019년 약 1만 5000명의 아랍 이스라엘 학생이 외국으로 유학을 떠나거나 이스라엘 영토가 아닌 팔레스타인 자치정부 지역 대학을 다닌 것으로 조사됐다.

〈표3〉 2012/2013년 미국내 이스라엘 유학생

학부생	700명
대학원생	1,291명
비학위	148명
OPT (실습)	291명

코넬대학과 테크니온공대는 뉴욕의 코넬 테크 캠퍼스를 창립했다. 뉴욕의 이스트 리버 루즈벨트 섬에 다른 캠퍼스를 개원했고 중국에도 테크니온의 분원이 개설되었다. 이스라엘 정부는 자국 유학생을 위한 재정 지원을 하지 않지만 비정부 단체나 조직의 자금 지원을 받는 경우가 많다. 예컨대 풀브라이트 장학금을 받은 이스라엘 학생이 아랍 학생을 포함해 1,300명 정도다(2012년 기준). 매년 해외에서 1천 명의 이스라엘 학생들이 박사학위를 취득한다. 2005~2008년 약 3,700명의 유학생이 박사학위를 땄다. 이번 조사는 학교에 정식 등록하지 않고 단기 학업활동까지 포함하고 전임 교육인과 비즈니스 연구를 제외했다. 900만 인구의 이스라엘은 미국 내 16번째로 많은 연구자들이 활동하고 있다.

IV. 산학 협력

'한-이스라엘 산업연구개발재단'은 한-이스라엘 산업기술협력 협정(1999년 체결)에 따라 공동연구개발기금을 관리하고, 양국 기술협력 활동을 지원하기 위해 설립된 기관(2001년~)으로서, 이사회를 통해 기금으로 지원할 공동 연구개발 과제를 심의·승인하고, 양국 기술협력 촉진을 위한 주요 사안을 논의·결정하고 있다.

협정에 따라 2001년 5월 한국과 이스라엘 정부에 의해 한-이스라엘 산업연구개발재단이 설립되었다. KORIL-RDF는 잠재적인 상용화로 이어지고 양국의 경제 발전에 기여하는 산업 R&D 프로젝트를 지원하고 있다. 또한 한국과 이스라엘 기업 간의 공동 산업 R&D 협력을 촉진하고 장려한다. KORIL-RDF는 한국-이스라엘 양국 정부가 연간 총 400만 달러를 균등하게 분담하는 공동 R&D 기금의 관리를 담당한다. 2021년 한-이스라엘 산업연구개발재단은 R&D 재단 예산을 2배로 증액하는 내용의 계약도 체결했다.

이스라엘의 고등교육 부문, 특히 8개 연구 대학은 과학적 연구를 통해 산업 및 상업 부문에 대한 후속 기술이전을 추진하는 데 적극적으로 활동해 왔다. 연구중심대학의 학술연구성과의 사업화는 일반적으로 대학의 기술사업화 기업에서 관장한다. 이스라엘에서 기술이전 회사(TTC)로 알려진 이러한 회사는 해당 대학과 관련된 자회사로 설립되었다. 이스라엘의 유명 대학 TTC에는 와이즈만 과학 연구소의 기술지주회사 예다(Yeda Research and Development Company Limited)와 예루살렘 히브리 대학의 이쑴(Yissum Research Development Company)이 있다.

대학 TTC에서 관리하는 기술이전 과정은 일반적으로 다음 단계로 이뤄진다. (1) 연구원은 상업적 잠재력이 있는 모든 기술 개발에 대해 소속 대학의 TTC에 보고한다. (2) 관련 TTC는 기술 개발의 잠재력을 평가한다. (3) 기술 개발이 상업적 가치가 있다고 판단되면 관련 TCC는 특허 등록을 신청하고 개발에 대한 마케팅 전략을 수립한다. 그런 다음 기술 개발에 관심이 있는 잠재적인 업체 파트너(또는 라이선스 사용권자)를 선별 및 협상을 추진하고 계약에 대한 후속 조치를 취한다. 특허 라이선스가 부여된 업체 파트너에 개발품의 발전, 사용 또는 판매할 수 있는 권한을 부여하게 된다. 라이선스 사용자의 라이선스 비용 또는 로열티 지불에서 발생하는 수익은 개발자와 연구 대학이 나눈다. 산학 협력을 장려하기 위한 이스라엘 혁신청이 추진 중인 주요 인센티브 프로그램은 아래의 표와 같다.

국내 대학과 이스라엘 대학 간 추진 가능한 교류 협력 분야는 인문 사회과학 분야와 과학기술 분야로 나눌 수 있다. 세계대학 평가가 증명하듯 히브리대학과 텔아비브 대학을 포함한 이스라엘 주요 연구 대학의 인문과학의 수준은 매우 높다. 특히 종교학과 인문학 분야에서 두각을 나타내고 있는 만큼 빈약한 국내 종교학과 인문학 분야를 활성화하기 위해 적극적인 교류 협력이 필요할 것으로 보인다. 예컨대 이스라엘 대학의 중동학자들은 이슬람 연구와 중동학 분야에서 훌륭한 연구 성과를 내고 있다. 물론 이스라엘이 아랍국가와 오랜 기간 분쟁을 겪어 온 만큼 정치적인 중립을 기대하기는 어려운 것이 사실이지만 이슬람 종교, 법, 역사와 문화를 연구하는 학자들은 세계적인 수준의 연구를 해 오고 있다. 또한 성서학 분야에서 이스라엘 연구자들이 전통적인 강세를 보여 온 만큼 구약성서 연구를 원하는 학생에게 이스라엘만큼 훌륭한 교육환경을 제공할 만한 곳은 별로 많지 않다.

테크니온공대는 중동의 MIT라는 별명이 말해 주듯 첨단 과학기술 연구에 매진하며 뛰어난 기술 개발로 정평이 나 있다. 국내 주요 공대가 테크니온 공대와 다양한 교류 협력을 추진할 필요는 충분하다고 여겨진다. 예컨대 교환 교수 프로그램을 통해 국내에 테크니온공대 연구자들의 강의를 제공하거나 공동 연구를 통해 협업을 이어 간다면 관련 분야 발전에 큰 도움을 줄 것으로 기대한다.

〈표4〉 이스라엘 혁신청 산학 협력 프로그램

프로그램	목표	목표	보조금/지원금
카민(KAMIN) 인센티브 프로그램	대학 응용 연구를 장려해 기업의 투자 흥미 유발	결과가 이스라엘 산업에 적용 가능하고 경제를 위해 고부가 가치를 창출할 가능성 있는 연구를 실행하는 대학, 단과대학과 다른 연구 기관의 연구 집단 지원	승인된 예산의 85%~90% 보조금 지원. 1~2년 최대 11만 달러.

노파르(NOFAR) **인센티브 프로그램**	산업계의 필요 개발 간극을 연결하는 가교 역할로 지원과 지도	학술 연구 집단 지원	승인된 예산의 90% 1년 동안 지원. 한도액은 약 15만 달러.
마그네톤(MAGNETON) **인센티브 프로그램**	혁신 제품 개발을 통해 학교에서 기업으로의 기술이전을 장려	학교에서 개발 중인 신기술을 접목하려는 이스라엘 업체와 이스라엘 연구 기관의 학술 연구 집단과 이스라엘 혁신청의 승인을 받은 싱크 탱크 간 협력 지원	2년 동안 승인된 예산의 66% 보조금 총 97만 달러 상당. 나머지 승인된 예산은 파트너 업체가 펀딩.
마그네트(MAGNET) **컨소시엄 프로그램**	경쟁 우위를 가진 분야의 이스라엘 업체의 제약 기술 개발 지원	경쟁 우위 제품과 혁신기술을 개발 중인 이스라엘 제조 업체와 컨소시엄 방식으로 응용 연구를 실행하는 이스라엘 대학 기관 간 협력 지원	승인된 예산의 66% 보조금을 업체에 지급, 연구 기관은 100% 지급 (80%는 보조금 형태로 나머지 20%는 컨소시엄에 참여하는 업체로부터 지원). 집행기간은 3~5년.

〈사진5〉 노파르 에너지 단지

참고자료 ──────────

이스라엘 대학소개, 이스라엘 문화원 http://www.ilculture.or.kr/ (검색일 2022년 2월 4일).

히브리대 대학 소개, 영남일보. (2019) [대학혁신의 길 Ⅲ-이스라엘을 가다. 5] 히브리 대학교, https://www.yeongnam.com/web/view.php?key=20190820.01006 0719420001.(검색일 2022년 2월 5일).

테크니온 공대 소개, 영남일보. (2019) [대학혁신의 길 Ⅲ-이스라엘을 가다 .3] 테크 니온공과대학교, https://www.yeongnam.com/web/view.php?key=201908 06.010060720590001.(검색일 2022년 1월 5일).

히브리대 교양 프로그램 소개, 조용식. (2019) 「예루살렘 히브리 대학교 교양 교육 소개 및 분석」, 교양학연구 제6권 제1호, 93~108쪽.(검색일 2022년 1월5일).

이스라엘 대학소개와 관련 통계, The Council for Higher Education The Planning and Budgeting Committee. (2014) The Higher Education System in Israel. https://che.org.il/wp-content/uploads/2012/05/HIGHER-EDUCATION-BOOKLET.pdf.(검색일 2022 년 1월 5일).

이스라엘 혁신청 산학 협력 프로그램, Legislative Council Secretariat, (2016/17) Fact Sheet: Innovation and Technology industry in Israel. https://www. legco.gov.hk/research-publications/english/1617fsc23-innovation-and-technology-industry-in-israel-20170712-e.pdf. (검 색일 2022년 1월 25일).

미국 내 이스라엘 유학생 관련 통계, Israelhayom. (2018) *Home News Education In 4 years, number of Israelis studying abroad soars by 26%* israelhayom, https://www.israelhayom.com/2018/10/11/in-4-years-number-of-israelis-studying-abroad-soars-by-26/ (검색일 2022년 1 월 10일).

이스라엘 고등 교육 위원회 관련 통계 자료, https://che.org.il/en/strengthening-internationalism-higher-education/(검색일 2022년 2월 20일).

이 란

박현도*

Ⅰ. 이란 교육 현황

한반도보다 7배나 큰 면적에 약 8,400만 명이 사는 이란은 2021년 기준으로 천연가스 확인매장량(33조 9880억 입방미터) 세계 2위, 원유 확인매장량(2,086억 배럴) 세계 3위의 자원 부국이다(OPEC, 2022). 1979년 이슬람 혁명으로 친미 세속 왕정에서 반미 이슬람 공화정으로 탈바꿈하였고, "동쪽(소련, 공산주의)도 서쪽(미국, 자본주의)도 아닌 이슬람 공화국"이라고 하면서 역내 국가 중 유일하게 헌법에서 시아파 이슬람으로 국가 정체성을 규정한 나라다.

이란은 혁명 직후 444일 동안 이어진 주테헤란 미국대사관 인질사건으로 미국과 관계가 악화하면서 경제제재를 받고 있다. 2002년 8월 15일 서방에서 활동하는 이란 반정부 단체 '국민저항위원회(National Council of Resistance of Iran)'가 이란 핵개발을 폭로하여 이란 핵문제가 국제사회의 현안이 되면서 미국의 압박은 더욱 강해졌다. 오바마 행정부는 국방수권법(NDAA: National

---

*   서강대학교 유로메나연구소 대우교수.

Defense Authorization Act)을 발동하여 이란의 원유 수출을 사실상 막는 강력한
제재조치로 이란의 핵개발을 저지하였고, 결국 2015년 7월 14일 유엔안
전보장이사회 상임이사국 5개국과 독일이 이란과 '포괄적 공동행동계획
(JCPOA)'에 서명하고, 2016년 1월 이란 경제제재 해제가 이루어졌다.

그러나 2018년 5월 8일 미국은 '포괄적 공동행동계획'에서 일방적으로 탈
퇴하였다. 트럼프 대통령은 이란이 핵을 완전히 포기하겠다는 약속을 담은
새로운 협정을 자신과 체결할 것을 요구하며, '최대압박(Maximum Pressure)'으
로 불리는 대이란 제재 정책을 가동하였다. 이에 이란은 '포괄적 공동행동
계획'에서 탈퇴하지 않으면서 핵합의 26조와 36조에 따라 2019년 5월 8일부
터 매 60일 간격으로 2020년 1월 5일까지 상대국의 약속이행 여부를 확인
하고 핵합의 이행 감축 단계적 조치를 취하였다. 현재 우라늄 농축은 60%

〈사진1〉 테헤란의 부잣집 아이들 인스타그램

에 이르고, 신형 원심분리기를 도입하여 핵개발 속도를 높이는 중이다. 미국 바이든 행정부와 이란 정부가 다시 이란 핵합의 복원 협상을 시작하였으나, 타결 가능성은 미지수다.

가스와 석유 자원이 풍부하지만, 경제제재로 판로가 막히면서 이란 경제 발전이 정체되어 사회 전반적으로 활기를 잃은 상태다. 교육 또한 어려운 경제환경의 영향을 벗어나기 어려운 상황이다. 그러나 부유층은 자녀들 교육을 미국이나 영국에서 받게 하여 이란 서민층이 위화감을 느끼기도 한다. 인스타그램에는 아예 '테헤란 부잣집 아이들(Rich Kids of Tehran)'이라는 계정까지 등장하여 소위 잘나가는 아이들의 적나라한 '돈 자랑'을 여과 없이 그대로 보여 준다.

경제가 어려운 상황이기에 교육을 통한 계층 이동을 바라는 마음이 더욱 커져, 전통적으로 높은 이란인들의 교육열은 좀처럼 식지 않았고, 해마다 좁은 대학 진학의 문을 뚫기 위한 열기는 우리나라와 다를 바 없이 뜨겁다. 우리의 수능과 같은 이란의 '콘쿠르(Konkur)'는 대학 진학을 결정짓는 국가 고시인데, 등록금을 내지 않는 공립대학교에 진학하기 위해서는 반드시 치러야 하는 시험으로, 경제가 어려운 현실에서는 중요성이 더욱 돋보인다. 이란의 학년도는 이란력으로 메흐르(Mehr)월 1일, 서력 9월 22일에 시작하여 6월에 끝나고, 2학기로 운영한다.

1. 초중고 교육

이란의 학제는 초등 5년, 중등 3년, 고등 3년, 대학 예비반 1년, 대학(학사) 4년, 석사, 박사로 이루어졌지만, 2012년부터 대학예비반이 사라지고 초등 과정은 6년으로 바뀌었다. 5세에 들어가는 유치원은 의무가 아닌 선택이고, 초·중등은 의무교육이다. 초·중·고 교육은 교육부가 관장한다.

초등학교 졸업반과 중학교 졸업반은 6월에 지방정부가 주관하는 졸업시험을 치러 다음 단계 학교로 진학한다. 시험을 통과하지 못하면 다음 해 다시 응시할 기회를 주지만, 두 번째 시험에서도 불합격하면 직업교육을 받거나 취업을 해야 한다. 상급학교 진학의 길이 막히는 것이다. 중학교 교육을 마친 학생은 고등과정을 이론교육과 직업교육 중에서 택한다.

이론교육은 처음 2년 동안 비중의 차이가 있긴 하지만 공통의 과목을 이수하고, 3학년 때는 특화한 과목을 이수한다. 수학과 물리, 생물과 과학, 인문학을 공부한다. 직업교육은 전문 직업인을 양성하기 위하여 약 400여 개 분야에서 실용적인 기술을 가르친다. 기술교육원과 연계된 5년 과정을 선택하여 기술을 익힐 수도 있다.

고등학교를 졸업하면 이란 남학생은 기본적으로 2년간 병역의무를 진다. 다만, 대학에 진학하면 입영을 연기할 수 있다.

〈표1〉 이란의 초·중·고 교육

교육 단위	기간(년)	나이	졸업장	비고
초등학교	6	6~11	수여	의무교육
중학교	3	12~14	수여	의무교육
고등학교(일반)	3	15~17	디플롬 모테바세테	공립무료
고등학교(직업)	3	15~17	디플롬 모테바세테	공립무료

2. 콘쿠르(대학입학자격시험)

대학에 진학하기 위해서는 국가가 실시하는 콘쿠르를 치러야 한다. 콘쿠르는 프랑스어 콩쿠르(Concours)를 채용한 말이다. 해마다 한 번 여름에 치렀으나, 2023년부터는 겨울과 여름 두 차례에 걸쳐 시험을 실시한다. 고교 과정에서 배운 것을 객관식 문제로 출제한다. 여기에서 좋은 성적을 받아야만 등록금이 없는 공립대학 진학이 가능하다. 성적은 수험생 대비 전국 순위로 나온다. 대학은 성적순으로 지원자를 선별하여 입학생을 가린다.

2021년 수험생은 모두 1,367,931명으로, 여학생이 59.5%로 남학생보다

〈사진2〉 좌: 콘쿠르 준비 사교육 기관의 홈페이지, 우: 콘쿠르 준비 사교육 기관의 2023년 대입 관련 광고

많았다. 2021년 대학 입학정원은 109만 명이었지만, 이른바 명문 공립대학에 진학하려면 성적이 상위 20% 안에는 들어야 한다(Tehran Times, 2021). 해외에서도 실시하는데, 2021년에는 11개국에서 이란과 동시에 치렀다.[1]

이틀에 걸쳐 시험을 보는데, 2023년은 1월 19~20일 양일간 콘쿠르가 열렸다. 19일에는 과학(200분)과 외국어(105분), 20일에는 수학물리(140분), 인문(160분), 예술(115분) 시험을 실시하였다.

학부모와 학생들이 콘쿠르 성적만으로 대학 입학을 결정하는 것이 불합리하다고 꾸준히 불만을 제기하자, 교육 당국은 시험을 연 2회로 늘렸을 뿐 아니라 아랍어와 같은 과목은 고교 내신으로만 반영하고, 향후 점차 고교 마지막 학기 성적에 더 큰 비중을 두는 것으로 콘쿠르를 개선하려고 한다. 우리나라와 마찬가지로 교육열이 높은 이란 학부모들은 좋은 대학 진학만이 자녀의 성공적인 미래를 보장한다고 믿고 있기에 대학입시는 초미의 관심사다.

---

1 아랍에미리트, 아르메니아, 아제르바이잔, 독일, 러시아, 말레이시아, 오만, 카타르, 쿠웨이트, 튀르키예, 파키스탄.

3. 성적 평가

이란은 초등학교부터 박사과정까지 학생의 성적을 20점 만점으로 평가한다.

〈표2〉 이란의 성적 평가 기준

점수	성적	평가	비고
17.0~20.0	A	Excellent	
14.0~16.9	B	Good	박사과정 하한선은 14점
12.0~13.9	C	Fair	석사과정 하한선은 12점
10.0~11.9	D	Pass	초·중·고·대 하한선은 10점
10점 이하	F	Fail	

4. 대학교육

이란의 대학은 공립과 사립으로 나누는데, 공립은 등록금이 무료지만, 사립은 유료다. 공립학교 입학 희망자는 콘쿠르를 반드시 치러야 한다. 사립학교는 콘쿠르를 치르지 않으나, 학교 자체의 입학시험이 있다.

대학 4년의 학사과정은 학점제로 운영하는데, 1학점은 한 주 1시간 강의 또는 2시간 실질 훈련을 17주 동안 하는 것이 기준이다. 130~140학점을 이수하여 학사 4년 과정을 마치면 학사학위(카르셰나시, Karshenasi)를 받는다. 고교과정에서 직업교육을 택한 학생은 5년 과정을 택할 수 있다. 고교 3년 후 2년을 대학에서 계속 관련 교육을 받는다. 2년 동안 68~72학점을 이수한다. 2년을 마치고 카르다니(Kardani)로 부르는 졸업장을 받는다. 이후 일반 대학 3학년으로 편입하여 2년을 더 공부하면 학사학위를 받을 수 있다. 치대, 의대, 약대의 경우 학사과정이 석사과정으로 이어지는데, 모두 210~290학점을 취득하고 논문을 쓰면 석사학위를 수여한다.

학사를 마치고 석사과정에 진학하려면 대학입시 때와 마찬가지로 입학시험을 치러야 한다. 석사는 2년 과정으로 보통 논문 포함 28~32학점을 이수하여야 한다. 박사과정 역시 입학시험을 치러야 하고, 논문을 포함하여 36학점을 이수하고 4년이 소요된다. 치대, 약대, 수의대 등의 경우 6년이 소요된다.

〈표3〉 이란의 대학교육

과정	기간(년)	학점	학위명	비고
준학사	2~3	68~72	카르다니	직업고 3년후 연계과정
학사	4~5	130~140	카르셰나시	
학석사	6	210~290	카르셰나시 아르샤드	치·의·수의·약대
석사	2	28~32(논문포함)	카르셰나시 아르샤드	학사 후
박사	4~6	36(논문포함)	독토라	치·의·수의·약대는 6년

II. 이란의 대학

이란 최초의 대학은 1934년에 설립한 테헤란 대학교다. 다르알포눈(Dār al-Fonun), 모자파르(Mozzafar) 농업학교 등 당시 테헤란에 있던 기존 교육기관을 병합하고, 프랑스 대학을 모범으로 삼아 세웠다. 대학교육은 과학연구기술부가 약학과 의학 관련 대학을 제외한 모든 대학을, 보건부가 약학 및 의과대학을 각각 관장하고 있다.

이란 정부 자료에 따르면, 현재 이란에는 142개 공립대학이 있고, 37개의 비영리 사립대학이 있다. 혁명 직후인 1980년 이란의 대학생 수는 17만 5천 675명이었으나 2019년에는 무려 20배가 증가한 337만 5천 명이다(Ministry of Science, Research and Technology, 2019). 공립대는 무료이나, 사립대는 등록금을 내야 하기에 우수한 학생들은 공립대에 몰리고 있다. 대학순위평가에서 높은 순위를 차지하는 이슬람아자드대는 이란에서 규모가 가장 큰 대학으로 사립이다. 테헤란에 본부 캠퍼스를 두고 모두 33개의 대학으로 이루어진 대규모 종합대학으로 학생 수가 무려 100만 명에 달한다. 학생 등록금과 외부기부금으로 운영한다.

　　미국의 US News & World Report의 세계대학 평가에 따르면 이란의 좋은 대학은 다음과 같이 15개 학교로 압축할 수 있다(US News & World Report, 2022~2023). 참고로 이 조사에 따르면 우리나라 대학 상위 5개 대학의 등수가 이란 1위인 테헤란대보다 높게 나왔다.[2]

〈표4〉 이란의 상위권 대학 15개교(US News & World Report, 2022~2023)

순위	학교명	세계순위	구분
1	테헤란대 University of Tehran	329	공립
2	이슬람아자드대 Islamic Azad University	394	사립
3	테헤란 의대 Tehran University of Medical Sciences	517	공립
4	바볼 노시르바니 공대 Babol Noshirvani University of Technology	598	공립
4	샤리프 공대 Sharif University of Technology	598	공립
6	타브리즈대 University of Tabriz	628	공립
7	아미르카비르 공대 Amirkabir University of Technology	633	공립
8	타르비아트 모다레스대 Tarbiat Modares University	708	공립
9	에스파한 공대 Isfahan University of Technology	739	공립
10	마슈하드 의대 Mashhad University Medical Science	779	공립
11	이란의대 Iran University of Medical Sciences	794	공립
12	시라즈대 Shiraz University	821	공립
13	샤히트 베헤슈티 의대 Shahid Beheshti University Medical Sciences	826	공립

| 14 | 이란과학기술대
Iran University of Science and Technology | 879 | 공립 |
| 15 | 마잔다란 의대
Mazandaran University Medical Sciences | 896 | 공립 |

III. 경제난과 대학교육 위기

미국의 제재로 경제가 어려운 상황을 맞고 있는 이란은 대학교육과 관련
하여 몇 가지 문제점을 안고 있다. 첫째, 경제 규모에 비추어 대학 졸업생
수가 많다. 이란인의 높은 교육열로 대학진학률이 높지만, 대학을 졸업하
여도 직장을 찾지 못하고 있다. 이란 통계청에 따르면, 2021년 이란력 3분
기(9월 23일 ~ 12월 21일)의 대학졸업자 실업률은 무려 42.3%에 달한다. 이는 전
년 같은 기간보다 2.1% 증가한 수치다. 남성은 22.2%, 여성은 46.5%, 도시
는 46.1%, 농촌지역은 25.5%다(Financial Tribune, 2022). 이란의 경제 규모는 미
국과 비교하여 47배나 작지만, 인구 대비 이란의 대학진학자 수는 미국과
차이가 없다. 더욱이 이란과 달리 미국은 외국 유학생이 많고, 이들은 졸업
후 자국으로 돌아가 직장을 찾기에 미국인 대학졸업자가 이란인 대학졸업
자보다 국내에서 직장을 찾기가 훨씬 더 수월하다(Mohseni-Cheraghlou, 2017).

둘째, 고급 두뇌 유출이 심각하다. 대학을 졸업해도 직장을 찾지 못하는
경제 상황과도 연결되어 있다. 국제통화기금은 1999년 보고서에서 학사학
위 이상을 소지한 이란인 25%가 이란을 떠났다고 지적하였는데(Carrington
and Detragiache, 1999), 이러한 현상은 현재까지 꾸준히 지속되어 두뇌유출(Brain
Drain)로 이란이 입는 연간 손실이 1,500억 달러에 달하는 것으로 추정한다
(Ziabari, 2022). 2019년 조사에 따르면, 이란은 18만 명에 달하는 고학력자가 해
외로 이주하여 두뇌유출 세계 2위라는 불명예를 안았다(Yaqubi, 2021). 2019년

2 　1. 서울대(129위), 2. 성균관대(263위), 3. 카이스트(282위), 4. 고려대(290위), 5. 연세대(292위).

3월부터 2020년 3월까지 1년 동안 무려 약 900명에 달하는 대학 교수가 이란을 떠났다. 경제적 이유와 급여 불평등 때문이다. 40년 경력의 교수는 이란 리알화가 급락하여 미화 560달러(1억 4천만 리알)의 월급을 받는데, 대학 본부 관리직은 환율 급락에도 그보다 4배나 많은 2천 달러(5억 리알)를 받는 불평등을 감내하기 어려운 현실이다(Saif, 2021). 2021년에는 이란 올림픽 대표선수 43%, 기계공학과 컴퓨터 전공 대학교수의 30%, 3천 명에 달하는 의사들이 이란을 떠나거나 떠날 준비를 하고 있고(MEE, 2021), 매달 간호사 500명이 낮은 임금에 불만을 품고 더 많은 보수를 약속하는 유럽으로 떠나려고 한다는 보도가 끊이지 않았다(Iran International, 1400/2021).

이처럼 경제난에 따른 두뇌유출은 필연적으로 대학교육의 질 저하로 이어진다. 중산층이 무너지고, 이민 브로커를 고용해서라도 이란을 떠나려는 사람들이 늘고 있다. 좋은 직장을 찾아가는 것뿐 아니라 터키를 통해 유럽으로 망명하려는 사람들이 늘고 있는데, 이러한 현상은 코로나 바이러스 이후 현저하게 보인다(Sinaee, 2021). 2018년 독일 연방 이민난민국은 이란인 망명 신청인 47% 이상이 대학 졸업자라고 주장하였는데, 약 40%가 실제로 학위를 지니고 있었고, 9%만이 고졸이었고, 망명자 중 단 한 명도 문맹이 없었다고 발표하였다(DW, 2019). 이란 샤리프공대의 인구이동 연구 전문가 살라바티(Salavati) 교수는 "이란인의 30%가 이란을 떠나고 싶어 한다"고 할 정도다(DW, 2019).

정치·경제적 자유를 찾아 조국을 떠나는 국민이 줄지 않는 한, 이란의 대학교육은 질적인 저하를 멈추기 어려운 상황이다. 사태의 심각성을 뒤늦게 인지한 이란 정부는 해외로 나간 이란인들이 다시 귀국하여 국가발전에 이바지해 줄 것을 요청하면서 이중 국적을 인정하지 않는 사법체계지만 정부가 해외 이란인을 지원하는 법안을 국회에 제출하고 이중 국적자들을 임의로 구금하지 않겠다고 약속하고 나섰지만(Ziabari, 2022), 실효성은 의문이다.

IV. 고등 교육 협력 방안

이란은 성장과 발전 잠재력이 큰 나라다. 원유와 가스 등 천연 자원이 풍부하고, 오랜 역사 속에 축적한 문화적 역량 및 국민들의 교육열이 대단히 높다. 그러나 1979년 이란 혁명 이래 1980~1988년 이라크와 8년 전쟁으로 혁명 이전 쌓은 발전의 토대가 붕괴하였고, 2002년 불거진 핵개발 의혹으로 서방의 경제제재가 강화되면서 경제 사정이 더욱 어려워졌다. 특히 오바마 행정부 당시 국방수권법으로 가한 강력한 원유 수출 및 금융제재로 국제사회와 무역 거래가 불가능하게 되면서 리얄화의 가치가 급락하고 인플레이션이 40%를 넘는 등 경제 기반이 심각하게 흔들리고 있다.

현재 진행되고 있는 미국과 핵협상이 타결되지 않아 암울한 경제 상황이 지속된다면, 이란과의 고등 교육 협력은 실질적으로 어렵다. 금융제재가 풀리지 않기에 현재처럼 모든 학술문화 교류가 동결될 수밖에 없다. 더욱이 이란이 핵개발을 계속 추진한다면, 주변 아랍국과 이스라엘의 이란 옥죄기 전략이 강화되어 무력 충돌이라는 극단적 상황이 발생할 가능성도 배제할 수 없다.

그러나 핵협상이 타결되어 제재가 풀린다면, 고등 교육 협력은 전 분야에서 활발하게 진행할 수 있을 것이다. 무엇보다도 인적 교류의 물꼬를 터야 한다. 국내 대학 중 한국외국어대와 서울대가 테헤란대와 협력 관계를 맺고 있지만, 한국외국어대가 페르시아어 연수생을 이란에 보내는 것 외에는 교류 활동이 거의 없다고 해도 지나친 말이 아니다. 제재 기간 동안 민간 외교 차원에서 이란의 역사고서[쿠쉬나메]에서 7세기 페르시아와 신라의 교류를 추정하여 이희수 교수(한양대)가 주도하는 학술 및 예술교류를 이어 왔지만, 현재는 그러한 교류마저 사실상 멈춘 상태다.

사실 제재 상황 속에서도 우리 정부는 이란과 협력 관계를 발전시키고자 노력하였다. 2016년 10월에는 10월 19일부터 22일까지 4일간 테헤란과 이스파한에서 '한국유학박람회'와 '한국-이란 고등교육 국제교류 컨퍼런스'를 개최하였다. 한국유학박람회는 우수 해외 인적자원을 유치하기 위해 교육부 국립국제교육원과 국내 대학이 협력하여 해외에서 한국의 고등교육을 소개하고, 한국 유학을 홍보하는 행사인데, 중동에서는 최초로 이란에서 연 것이다. 국립국제교육원장이 단장이 되어 국내 12개 대학이 참여하여[3] 대학 홍보와 입학상담을 하였는데, 많은 이란 학생이 모여 한국 유학 열의를 발산하였다.

2018년에는 이란 이스파한에서 한국-이란 과학기술협력 워크숍을 열어 양국 간 과학기술 협력으로 경제협력 증진을 시도하였다. 우리 측은 우리가 기술력이 앞선 자동차 산업과 기계공업 등에서 한-이란협력을 강화하고 양국 대학 간 교류를 활성화하여 과학기술 협력 기반을 구축할 희망을 밝히면서, 양국 간 학생 및 교수 교류를 확대하기 위해 비자발급 등의 편의를 제공할 것이라고 하였다. 이란 측은 한국 대학과 교류협력 MOU를 체결하여 한국-이란 간 '실크로드 네트워크'를 구축하겠다는 희망을 피력하였다. 그러나 이러한 행사는 의욕과는 달리 경제제재라는 엄혹한 현실 때문에 실질적인 성과를 내지 못하고 모두 일회성으로 끝나고 말았다.

제재가 풀린다면, 그동안 이란 측과 소원해진 삼성, 엘지 등 우리 기업과 함께 민간 교류 증진 차원에서 이란 대학교와 본격적인 교류를 시작하는 노력이 필요하다. 국내 이란 연구가 부족한 현실을 타개하기 위하여 이란 측이 자랑스럽게 생각하는 이란학 연구 기관과 협력 관계를 맺어 먼저 이란학 강좌를 국내에 개설하는 것으로 물꼬를 트고, 한국에 관심이 깊은 이란의 우수한 학생을 교환 장학생으로 수용하여 경제제재에서 발화한 우리를 향한 이란의 악감정을 누그러뜨릴 필요가 있다.

이란 대학과 협력 시에는 이란의 상위권 대학의 과학분야 학과와 집중적인 협력 관계를 맺되, 인문 분야에서는 이란 정부를 이끄는 종교지도자들

---

3 서울과기대, 경성대, 국민대, 선문대, 성균관대, 한국해양대, 아주대, 우송대, 울산과기원, 전남대, 충남대, 홍익대.

의 관심을 반영하여 종교, 철학, 역사 분야 교류에도 관심을 기울여야 한다. 인문·사회·문화 분야에서는 이란의 정부 기관인 '이슬람문화관계기구'의 연구진과 협력이 필수적이다. 또한 이란을 둘러싼 국제정치 질서를 이란의 입장에서 듣고 연구하는 국제관계 분야 협력을 테헤란대 세계학부와 체결하는 것이 효율적이다. 과학 분야는 의학을 비롯하여 거의 전 분야에서 공동 연구나 협력 관계를 유지하면 좋을 것이다.

〈사진3〉 '오징어 게임' 복장을 한 시민이 이란 테헤란 지하철 역에 등장하였다.(Khabaronline, 2021)

 미국의 강력한 제재에도 불구하고 이란의 과학기술은 꾸준히 발전하고 있고, 이공계 학생들의 서구행도 계속 이어지고 있다. 우리나라와 이란은 이공계 교육 협력이 없다. 사실 이란은 우리나라와 과학 협력을 맺기를 기대하였으나 우리 측에서 적극적으로 나서지 않았기 때문이다. 미국의 제재에 신경을 쓰다 보니 과학 협력은 이루어지지 않았다. 핵관련 과학만 아니라면 굳이 교육협력을 꺼릴 이유는 없다. 특히 이란 학생들의 학문적 열의와 성실함은 미국 대학의 이공계 실험실에서도 잘 알려져 있다.

STEM으로 통칭하는 과학(science), 기술(technology), 공학(engineering), 수학(mathematics)에서 이란 대학 졸업자의 70%는 여학생이다(Aryafar, 2020). 이웃 무슬림 국가인 아랍에미리트, 사우디아라비아, 오만에서도 과학 분야 여학생의 비율이 전 세계에 비해 높은데, 이란은 이들 국가보다 훨씬 더 높다. 무슬림 세계 STEM 전공 학생의 30%는 여학생이다(Merelli, 2018).

교육열이 높은 이들 여학생 과학도 중 우수한 학생을 적극적으로 유치하는 방안을 고려해볼 필요가 있다. 2014년 여성으로는 사상 처음 수학계의 최고 영예인 필즈메달(Fields Medal)을 수상하였지만 암으로 안타깝게 세상을 떠난 미르자하니(1977~2017, Maryam Mirzakhani)도 이란의 STEM 전공 여학생이었다. 샤리프 공대에서 학사를 마치고 하바드대학교에서 박사를 받은 후 스탠포드대학교에서 수학교수로 재직하였다.

〈사진4〉 좌: 2014년 서울에서 필즈상을 받은 미르자하니 사진을 싣고 죽음을 알린 이란 일간지 돈야예 에 그테사드, 우: 미르자하니의 죽음을 알리는 이란 일간지 함샤흐르

STEM 분야에서 협력을 맺을 만한 이란의 이공계 대학은 샤리프 공대, 테헤란대, 아미르카비르 공대다.

〈표5〉 STEM 분야 이란의 상위권 대학

학교명
테헤란대(University of Tehran)
샤리프 공대(Sharif University of Technology)
아미르카비르 공대(Amirkabir University of Technology)

〈표6〉 의학 분야 이란의 상위권 대학(US News & World Report, 2022~2023)

순위	학교명
1	테헤란 의대 Tehran University of Medical Sciences
2	이란 의대 Iran University Medical Sciences
3	마잔다란 의대 Mazandaran University Medical Sciences
4	샤히드 베헤슈티 의대 Shahid Beheshti University Medical Sciences
5	마슈하드 의대 Mashhad University Medical Science

　　위에 언급한 2016년과 2018년에 우리 정부가 시도한 고등교육 협력 방안은 여전히 유효하다. 의욕 있게 제시하였지만 제재로 막힌 교류 협력을 다시 이끌어 내야 한다. 보수적인 이란 정부지만, 한류의 인기는 이란에서도 사그라들지 않고 있다. 세계적으로 인기를 끈 '오징어 게임' 역시 이란에서 큰 반향을 불러일으켰다. 한국학에 지속적으로 관심을 표하고 증진에 노력을 기하고 있는 에스파한대학교를 중심으로 한국학 연구 교류를 확대하고, 낙후한 이란의 관광산업에 뛰어난 우리의 디자인 능력이 배가되면 양국 상생의 협력이 되리라 기대한다.

참고자료 및 출처 ─────────

페르시아어

DW (2019), "Jomhuri-ye Eslami, ferar-e maghzha va enkar-e vaqe'iyat", dw.com/
fa-ir/جمهوری-اسلامی-فرار-مغزها-و-انکار-واقعیات/a-50077508(검색일: 2022년 1월 30일)

Iran International (2021), "Nezam-e parastari-ye Tehran: Mahaneh 500 parastar
beh dalil-e hoquq pa'in az Iran mohajerat mi konand", old.iranintl.com/
تازه-چه-خبر/نظام-پرستاری-تهران-ماهانه-۵۰۰-پرستار-به-دلیل-حقوق-پایین-از-ایران-مهاجرت-می
%E2%80%8Cکنند(검색일: 2022년 1월 30일)

Khabaronline (2021), "Pa-ye bazi-ye markab be Tehran baz shod; Tabligh-e
bazi-ye jznjzli dar metro," November 10, https://www.khabaronline.ir/
news/1571828(검색일: 2022년 1월 30일)

영어

Aryafar, Kamelia (2020) "How Iranian Immigrants Can Be Role Models for
Diversity in STEM", *The Hill,* Feb. 5. https://thehill.com/changing-america/
opinion/481684-how-iranian-immigrants-can-be-role-models-for-diversity-
in-stem/(검색일: 2022년 2월 10일)

Carrington, William J. and Enrica Detragiache (1999) "How Extensive Is the Brain
Drain?" *Finance & Development* 36:2, 46-49.

Dagres, Holly (2014), "Rich Kids of Tehran", *Al-Monitor*, October 2, https://www.
al-monitor.com/originals/2014/10/iran-tehran-rich-corruption-instagram.
html(검색일: 2022년 2월 10일)

Financial Tribune (2022), "Over 42% of Graduates Unemployed", January 23,
https://financialtribune.com/articles/domestic-economy/112208/over-42-
of-graduates-unemployed(검색일: 2022년 1월 29일)

MEE Correspondent in Tehran (2021), "Goodbye, Genius: How Iran's Best and Brightest are Leaving the Country", *Middle East Eye*, November 27, https://www.middleeasteye.net/news/iran-best-brightest-leaving-country-brain-drain(검색일: 2022년 1월 29일)

Merelli, Annalisa (2018), "The West is Way Behind Iran and Saudi Arabia When It Comes to Women in Science", *Quartz*, March 8, https://qz.com/1223067/iran-and-saudi-arabia-lead-when-it-comes-to-women-in-science/(검색일: 2022년 2월 10일)

Meyers, Andrew and Bjorn Carey (2017), "Maryam Mirzakhani, Stanford mathematician and Fields Medal winner, dies", Stanford University News, July 15, https://news.stanford.edu/2017/07/15/maryam-mirzakhani-stanford-mathematician-and-fields-medal-winner-dies/(검색일: 2022년 2월 10일)

Ministry of Science, Research and Technology (2019), https://www.msrt.ir/en/page/20/statistics-2019#Universities(검색일: 2022년 1월 28일)

Mohseni-Cheraghlou, Amin (2017), "Update from Iran: Iran's Over-Education Crises", *World Bank Blogs*, October 6, https://blogs.worldbank.org/arabvoices/iran-education-crises(검색일: 2022년 1월 28일)

OPEC, Annual Statistical Bulletin 2022. https://asb.opec.org(검색일: 2022년 12월 6일)

Payvand (2013), "Males Account for 61% of Students with Highest Scores in Iran's 2013 University Entrance Exams", August 1, http://www.payvand.com/news/13/aug/1004.html(검색일: 2022년 1월 29일)

Saif, Shadi Khan (2021), "Academic Brain Drain Raised by MPs after Years of Denial", *University World News*, March 17, https://www.universityworldnews.com/post.php?story=20210317123351415(검색일: 2022년 1월 30일)

Sinaee, Maryam (2021), "Iranian Official Warns about Rising Elite Emigration", *Iran International*, July 6, https://old.iranintl.com/en/iran/iranian-official-warns-about-rising-elite-emigration(검색일: 2022년 1월 30일)

Tehran Times (2021), "Second Year into Pandemic: National University Entrance Exam Kicks off", June 30, https://www.tehrantimes.com/news/462605/Second-year-into-pandemic-national-university-entrance-exam(검색일: 2022년 1월 30일)

Tehran Times (2017), "Sculpture of Maryam Mirzakhani to be unveiled", September 19, https://www.tehrantimes.com/news/416896/Sculpture-of-Maryam-Mirzakhani-to-be-unveiled(검색일: 2022년 2월 10일)

US News & World Report, "2022-2023 Best Global Universities Rankings", https://www.usnews.com/education/best-global-universities/search?region=asia&country=iran(검색일: 2023년 1월 5일)

Yaqubi, Cyrus (2021), "Why Do Professional Iranians Emigrate Abroad (Brain Drain)?" *Atalayar*, September 12, https://atalayar.com/en/blog/why-do-professional-iranians-emigrate-abroad-brain-drain(검색일: 2022년 1월 28일)

Ziabari, Kourosh (2022), "Raisi's Hollow Ploy to Stem Iran's Brain Drain", *Foreign Policy*, February 2, https://foreignpolicy.com/2022/02/02/iran-diaspora-brain-drain-migration-economy-sanctions/#(검색일: 2022년 1월 28일)

카타르

박현도*

Ⅰ. 들어가는 말

11,521㎢의 면적을 지닌 카타르는 우리나라 경기도 크기의 작은 나라로, 카타르 정부통계에 따르면 2022년 12월 현재 인구는 2,909,134명이다 (Planning and Statistics Authority, 2022). 이 중 카타르 시민권자는 약 10~15%인 40만 명 정도로 추산된다. 카타르는 천연가스 부국이다. 2021년 기준 확인매장량이 23조 8,310억 입방미터로 러시아, 이란에 이어 세계 3위다(OPEC, 2022). 세계은행 자료에 따르면 2021년 1인당 국민총소득은 66,838달러로 우리나라(34,997달러)보다 훨씬 높다. 구매력 평가 기준 1인당 국민소득은 102,018달러로 우리(47,242달러)의 2배다(World Bank, 2021).

1971년 영국으로부터 독립한 카타르는 사니(Al Thani) 가문이 이끌고 있다. 원래 사우디아라비아 왕실과 같은 사우디아라비아 중부 나즈드 지역 출신

---

* 서강대학교 유로메나연구소 대우교수.

으로 와하비 사상의 계승자로 자처해 왔다.[1] 1979년 구소련의 아프가니스탄 침공, 이란의 이슬람혁명, 1980년 이란-이라크 전쟁으로 20세기 말 중동 무슬림 세계는 격동의 시간을 보내야만 했다. 특히 친미 세속 왕정을 무너뜨리고 반미 이슬람 공화정을 세운 이란의 이슬람혁명은 페르시아만 이웃 아랍 왕정국이 보기에는 충격 그 자체였다. 이란과 페르시아만을 사이에 두고 마주 보고 있는 사우디아라비아, 바레인, 쿠웨이트, 아랍에미리트, 카타르, 오만은 왕정국가다. 이란이 페르시아어를 쓰는 시아파인 데 반하여, 이들 6개국은 아랍어를 쓰는 아랍국가이고, 이바디파인 오만만 제외하고 모두 순니파 국가다. 갑작스러운 반미 이란 시아파 이슬람 공화정의 부상에 대응하고자, 이들 6개국은 1981년 '아랍, 이슬람, 왕정'이라는 공통분모를 기반으로 GCC(걸프협력회의)를 결성하여 정치·경제적으로 상호 협력했다.

그런데 2017년 6월 5일 사우디아라비아와 아랍에미리트, 바레인은 카타르가 걸프지역 왕정 안보에 위협을 가하는 이란에 친근한 자세를 취하고, 극단주의자들을 지원하고, 이웃 국가를 비방하는 알자지라 방송을 후원한다고 비난하면서 전격적으로 카타르와 외교관계를 끊고, 국경과 영공을 폐쇄하였다. 국토의 삼면이 바다이고, 사우디아라비아와 육지 국경을 맞대고 있는 카타르는 2022년 월드컵 개최를 위한 각종 시설 공사에 쓸 건축자재 및 생필품 수입까지 어려운 상황에 내몰렸다.

사실 카타르는 개국 당시에는 사우디아라비아나 아랍에미리트에 뒤진 소국 취급을 받았다. 1995년 궁정 무혈 쿠데타로 아버지로부터 권력을 빼앗은 하마드 빈 칼리파(Hamad bin Khalifa Al Thani) 국왕은 풍부한 천연자원을 바탕으로 국가발전을 이루고 주변 국가와는 다른 노선을 취하였다. 세계에서 가장 큰 가스전을 페르시아만에서 이란과 공유하고 있는 카타르는 사우디아라비아와 달리 이란과 좋은 관계를 유지하지 않을 수 없다. 또한 서로 다

---

1 수도 도하에 2011년 새로 건설한 모스크를 와하비 사상의 원조 이맘 무함마드 이븐 압드 알와합 모스크로 명명했을 정도다.

른 생각을 지닌 다양한 단체나 인물들에게 좋은 안식처를 제공하였다. 사
우디아라비아와 아랍에미리트가 극렬하게 혐오하는 무슬림형제단을 포용
한 이유다. 소국이 살아남기 위해 카타르가 지닌 비전은 바로 중동의 스위
스가 되는 것이다. 2021년에 사우디아라비아, 아랍에미리트, 바레인과 외
교관계가 복원되었지만, GCC가 예전처럼 작동하리라고 기대하기는 어려
운 현실이다.

II. 카타르의 교육제도와 현황

카타르의 교육은 고등교육부(Ministry of Education and Higher Education)에서 관
장한다. 학제는 초중등 교육은 초등 6년, 중등 3년, 고등 3년으로 구성된다.
초·중등 교육만 의무교육이다. 카타르 시민권자는 무상교육 혜택을 받는다.

〈표1〉 2019~2020 교육제도와 현황(Planning and Statistics Authority)

단위	기간	나이	학교수		교사	학생수
초등	6년	6~11	공립	118	7,008	58,162
			사립	197	6,123	103,726
중등	3년	12~14	공립	66	3,141	29,120
			사립	125	1,863	33,658
고등	3년	15~17	공립	67	3,524	28,602
			사립	100	2,120	23,707
대학	4년	18~	공립 13, 사립 10, 카타르재단 8(Hukoomi, 2021)		2,392	37,112

압도적인 수의 주민이 외국인인 현실을 반영하듯, 카타르에서 초·중·고
등학생은 전반적으로 공립 중·고등학교를 제외하고 자국민보다 외국인이
수적으로 더 우세하다.

〈표2〉 2019~2020 초·중·고등학생 현황(Planning and Statistics Authority, 2022)

단위	공립		사립	
	카타르인	외국인	카타르인	외국인
초등	28,075	30,087	18,641	85,085
중등	15,381	13,739	6,504	27,154
고등	14,971	13,631	4,636	19,066

대학은 공립은 카타르 시민권자가, 사립은 외국인이 더 많다. 공립대에서는 카타르 시민권자 여성이 남성보다 압도적으로 많고, 사립대에서도 여학생의 수가 약간 더 많다.

〈표3〉 2019~2020 대학생 현황(Planning and Statistics Authority)

	카타르인			외국인		
	계	남	녀	계	남	녀
공립	19,785	3,793	15,992	7,992	2,783	5,209
사립	3,368	1,495	1,873	9,335	4,267	5,068

공립대의 경우, 외국인 학생의 국적은 아랍 국적자가 다수를 차지하고 비이슬람문화권 국가로는 영국, 미국, 캐나다가 눈에 띈다. 국가별로 보면 이집트 학생이 가장 많고, 그 뒤를 예멘, 요르단, 팔레스타인, 시리아가 따르고 있다.

〈표4〉 2019~2020 공립대 외국 학생 현황(Planning and Statistics Authority)

	공립대 외국인 학생		
	계	남	녀
아랍국가 GCC	1,114	214	900
아랍국가 비GCC	5,334	1,941	3,393
비아랍국가	1,544	628	916
계	7,992	2,783	5,209

〈표5〉 2019~2020 공립대 외국 학생 출신국 현황(Planning and Statistics Authority)

공립대 외국인 학생 출신국 순위				
순위	국가명	학생수	남	녀
1	이집트	1,238	597	641
2	예멘	958	295	663
3	요르단	705	228	477
4	팔레스타인	588	187	401
5	시리아	572	216	356

〈표6〉 카타르 공립대(Higher Education Institutions in Qatar)

1	Qatar University
2	Community College of Qatar
3	Qatar Aeronautical Academy
4	Ahmed Bin Mohamad Military College
5	Al Zaeem Mohammed Bin Abdullah Al Attiya Air Academy
6	Joaan bin Jassim Joint Command and Staff College
7	Police College
8	University of Calgary in Qatar
9	College of the North Atlantic-Qatar
10	Qatar Finance and Business Academy with Northumbria University
11	Rule of Law and Anti-Corruption Centre (ROLACC) with University of Sussex
12	Qatar Leadership Center
13	Ras Laffan College for Emergency and Safety with University of Central Lancashire

〈표7〉 카타르 사립대(Higher Education Institutions in Qatar)

1	Stenden Qatar University of Applied Sciences
2	Doha Institute for Graduate Studies
3	AFG College with the University of Aberdeen
4	University Foundation College

5	City University College
6	Oryx Universal College with Liverpool John Moores University
7	Lusail University
8	Rule of Law & Anti-Corruption Center (ROLACC)
9	Indian State University Savitribai Phule Pune

III. 카타르의 국가비전 2030과 고등교육

카타르는 '국가비전 2030(Qatar's National Vision 2030)'에서 현 화석연료 위주 경제를 지식 기반 경제로 전환한 새로운 카타르 건설을 목표로 삼았다. 화석연료가 카타르 국부에서 차지하는 비중은 압도적이다. 2019년 수출로 번 돈의 80%, 정부 수입의 90%에 달하였다. 이처럼 자원에만 의존하여서는 국가발전을 지속할 수 없다고 판단한 카타르는 1995년부터 교육을 활성화하여 지식기반 과학기술 중심 국가로 만들겠다는 계획 아래 교육투자와 개혁을 추진하였다. 그 결과 교육이 국내총생산에 이바지하는 비율은 2012~2013년 1.3%에서 2018~2019년 3.3%로 상승하였다. 2021년 예산에서 교육은 8.9%(174억 카타르 리얄)[2]를 차지하였다.

지식기반 경제로 카타르를 이끌기 위한 노력의 결정체는 1995년 국왕 하마드가 설립한 카타르재단(Qatar Foundation)이다. 하마드 국왕의 두 번째 아내이자 현 타밈(Tamim bin Hamad) 국왕의 어머니인 모자 빈트 나세르(Moza bint Nasser)가 딸 힌드(Hind bint Hamad bin Khalifa) 공주와 함께 이끄는 비영리 카타르재단은 교육 개선 사업에 집중하였다. 교육 불모지를 국제적 교육의 중심으로 만들고자 거액의 기부금을 아낌없이 내면서 서구의 우수 대학 교육기관을 유치하는 데 전력하였다. 그 결과 모두 8개 고등교육 기관을 카타르로

---

2 한화 약 5조 8,292억 원.

불러와 운영을 후원한다.

〈표8〉 카타르재단 운영 외국대학 8개교

	대학명	특화과정	학위
1	(미국)조지타운 Georgetown University in Qatar	국제관계학	학사, 학석사연계
2	(미국)노스웨스턴 Northwestern University in Qatar	언론	학사, 학석사연계
3	(미국)버지니아커먼웰스 Virginia Commonwealth University School of the Arts in Qatar	예술, 디자인	학사, 석사
4	(미국)텍사스 A&M Texas A&M University in Qatar	공학	학사, 석사, 박사
5	(미국)카네기멜론 Carnegie Mellon University Qatar	생물, 경영, 컴퓨터, 정보	학사
6	(프랑스)파리경영대학원 HEC Paris in Qatar	경영	석사, MBA
7	(미국)웨일 코넬 의대 Weill Cornell Medicine-Qatar	의학	학사
8	(영국)유니버시티 칼리지 런던 University College London in Qatar	환경, 정보, 고고학, 박물관	학사, 석사, 박사

　　이들 외국 대학교는 각기 강점이 있는 학위 프로그램을 카타르에 도입하였다. 예를 들면, 외교학 분야에서 뛰어난 학교로 평가받고 있는 조지타운대학교는 국제관계학을 개설하였다. 카타르재단이 불러온 8개 대학교는 중동에 있는 여타 외국대학의 분교와는 다르다. 운영을 카타르재단에서 지원하기 때문이다. 파리경영대학원만 제외하고 모든 대학교가 카타르재단이 건설한 12km² 크기의 대규모 대학단지인 교육도시(Education City)에 하나의 커다란 대학교를 구성하듯 자리 잡고 있다. 재학생은 소속 학교와 관계없이 마치 같은 대학교의 건물을 드나들듯 자유롭게 자신이 속하지 않은 대학 시설을 이용하면서 공부한다.

| 카타르 재단 설립자
하마드 빈 칼리파 전 국왕
(재위1995~2013) | 카타르재단 대표
모자 빈트 나세르 왕비 | 카타르재단 부대표
힌드 빈트 칼리파 공주 |

〈사진1〉 카타르재단을 이끄는 카타르 왕실(출처: 카타르재단 홈페이지)

〈사진2〉 카타르재단(출처: 카타르재단 홈페이지)

〈사진3〉 카타르 재단이 아르라얀(Al-Rayyan) 지역에 만든 교육도시(에듀케이션시티). 여의도보다 4배나 큰 면적에 교육 시설이 들어섰다. 카타르 재단이 운영하는 8개의 대학교와 13개의 대학예비교, 8천 명 이상의 학생이 공부한다.(출처: 카타르재단 홈페이지)

〈사진4〉 교육도시 소재 카타르 국립도서관(출처: 카타르재단 홈페이지)

〈사진5〉 교육도시(에듀케이션시티)의 기숙사(출처: 카타르재단 홈페이지)

〈사진6〉 하마드 빈 칼리파 대학교(출처: 카타르재단 홈페이지)

카타르재단은 8개의 외국 대학교를 유치한 후, 2010년 교육도시에 카타르의 변화를 이끈 전 국왕의 이름을 딴 연구 중심의 하마드 빈 칼리파(Hamad Bin Khalifa) 대학교를 만들었다. 카타르를 넘어 중동, 더 나아가 세계적인 명문으로 만들기 위한 목표를 지닌 하마드 빈 칼리파 대학교는 궁극적으로 카타르재단이 후원하고 있는 8개 외국 대학의 역량을 흡수할 것으로 보인다. 현재 하마드 빈 칼리파 대학교는 6개의 단과대학(이슬람학, 인문사회과학, 과학공학, 법, 보건생명과학, 공공정책)과 경영교육센터(Executive Education Center), 37개의 학위 프로그램(학사 1, 석사 26, 박사 10)과 3개의 연구소[3]를 운영하고 있다. 연구 중심이라는 목표가 보여주듯 1개의 학사과정을[4] 제외하고는 학사 이상의 프로그램을 중심으로 대학교가 움직인다.

〈표9〉 하마드 빈 칼리파 대학교 프로그램(하마드 빈 칼리파 대학 홈페이지)

대학·연구소	학사	석사	박사
이슬람학	0	5	1
인문사회과학	0	5	1
과학공학	1	8	4
법	0	2	2
보건생명과학	0	3	2
공공정책	0	2	0
경영교육센터	0	1	0
계	1	26	10

미래의 카타르를 지식 기반 경제로 이끌고자 교육입국의 비전을 제시하면서 교육도시를 건설하고 우수 고등교육기관을 유치하여 운영하는 카

---

3 Qatar Biomedical Research Institute, Qatar Environment and Energy Research Institute, Qatar Computing Research Institute.
4 Bachelor of Science in Computer Engineering.

타르재단과 별도로 카타르 정부는 공립대 육성사업도 게을리하지 않는다. 2021년의 경우 교육 관련 건설프로젝트에 카타르 정부는 교육 예산을 카타르재단, 카타르 대학교(Qatar University), 커뮤니티칼리지(Community College), 고등교육부에 직접 투여하였다.

〈표10〉 2021년 정부 교육 프로젝트 예산(Ministry of Finance)

2021년 교육프로젝트	카타르화 (단위 억 리얄)	한화 (단위 억 원)
카타르재단	8.5	2,847.6
카타르대학교	3.2	1,072.0
고등교육부	3.1	1,038.5
커뮤니티 칼리지	0.7	234.5

카타르 공립대학의 핵심 학교는 카타르 대학교와 커뮤니티칼리지(Community College)다. 1977년 개교한 수도 도하의 카타르 대학교는 재학생이 23,000명으로 가장 큰 공립대학이다. 10개의 단과대학에서 94개 학위 프로그램(학사 48, 석사 32, 박사 9, 디플로마 4, 약학박사 1)과 함께 최신 연구센터를 구축하여 17개의 연구소를 운영하고 있으며, 전 세계 130여 국가와 모두 500여 개에 이르는 연구사업을 진행 중이다. 커뮤니티칼리지는 카타르 시민권자와 카타르 국적의 어머니를 둔 사람에게만 입학을 허가한다. 2010년에 개교하였고, 모두 4개의 캠퍼스를 운영하며 디플로마와 학사학위 위주 프로그램을 운영한다.

외국대학교를 제외하면 카타르에서 가장 좋은 대학교는 카타르 대학교와 하마드 빈 칼리파 대학교다. 미국 US News & World Report의 2022 세계대학 순위에서 카타르 대학교는 478위, 하마드 빈 칼리파 대학교는 629위를 차지하였다.

IV. 고등 교육 협력 방안

화석연료 수출 주도 산업에서 탈피하여 지식기반 경제를 국가의 비전으로 삼은 카타르와 고등교육 협력은 카타르에서도 원하는 사항이다. 2015년 박근혜 대통령의 카타르 국빈 방문을 계기로 3월 8일 우리 교육부는 카타르의 교육개혁과 정책개발을 추진하는 교육 부분 최고기관 '최고교육위원회'와 1987년 체결한 문화협력협정을 진전시켜 양국 간 교육협력을 강화하기 위하여 교육협력 양해각서를 도하에서 체결하였다. 양국 간 교육시스템 역량 강화 협력(교육과정, 교육평가), 교육 분야 연구 및 성과 공유(전문인력교류, 워크숍 개최), 학부생과 대학원생 교류 장려, 학교 간 협력관계 발전 등이 각서의 주요 내용이다.

양해각서를 체결하고자 카타르를 방문한 김재춘 교육부 차관은 알카디(Radeh Mohammed Al-Kadi) 최고교육위원회 교육부 차관과 면담에서 양국 간 실질적인 교육협력 방안을 논의하였다. 우리 측은 유학생 교류를 활성화하여 많은 카타르 학생들이 우리나라에서 우리의 강점인 정보통신, 석유화학, 의학 및 교원 양성 분야 수학 협조를 카타르 측에 요청하였다. 카타르 정부는 해외 대학에 진학하는 자국민 학생에게 교육비와 생활비를 전액 지원한다. 우리 측은 또한 카타르재단과 동반관계를 구축하여 우리의 교육과정, 교육평가, 정보통신기술(ICT)활용 교육 등 우수한 분야의 노하우 및 기술을 바탕으로 아시아·아프리카 개도국의 개발 협력을 위해 함께 노력할 것을 제안하였다. 우리 측은 카타르재단 대표 모자 국왕모를 2015년 5월 한국 인천에서 개최되는 2015 세계교육포럼에 초대하였고, 모자 대표는 초청에 응하여 포럼에 참가하였을 뿐 아니라 스포츠와 접목한 최신 스마트 교육이 이루어지는 우리 교육의 일선 현장을 직접 보고 가기도 하였다. 그러나 이후 중동 정세가 불안전하게 이어지면서 양국의 교육 협력은 제대로 이어지지 못하였다.

천연가스 고갈 시대를 대비하여 교육에 집중 투자하고 있는 카타르는 예전 우리나라의 경제개발을 가능하게 하였던 인적자원 개발을 추구하고 있다. 자원 없는 나라이면서도 경제 발전을 이룬 한국은 카타르가 주목하고 있는 모범적인 미래 발전 모델이다. 따라서 카타르와 교육 협력을 대학에서 적극적으로 추진하는 것은 비교적 수월한 편이다.

카타르와 고등교육 협력은 카타르재단과 카타르대학을 중심으로 이루어져야 효과적이다. 카타르재단은 교육도시를 운영하고, 9개의 대학을 후원하면서 인재 양성에 적극적이다. 하마드 빈 칼리파 대학은 규모에서 카타르 대학보다는 작지만, 향후 카타르 대학을 뛰어넘어 카타르 최고의 교육기관이 될 것이다. 8개의 교육도시 대학이 지금은 서로 다른 이름으로 존재하지만, 사실상 카타르재단이 운영하기 때문에 궁극적으로 하마드 빈 칼리파 대학이라는 울타리 안에서 존재할 가능성이 크다. 카타르재단은 자국민이 성장하여 해외에서 불러온 전문가들의 능력에 상응할 때까지 꾸준히 지원을 하고 있는데, 우리 대학들 중 카타르에 진출한 외국 교육기관보다 경쟁력 있는 프로그램으로 카타르재단에 협력을 요구하는 것도 좋다. 카타르 교육재단이 9개의 대학에서 제공하는 프로그램은 제한적이다. 특히 이공계 프로그램은 빈약하다. 따라서 보다 세분화하고 발전한 국내 이공대 전공을 이들 카타르재단 대학의 전공과 비교하여 제시하면 긍정적인 결과를 얻을 수 있을 것이다.

하마드 빈 칼리파 대학교의 인문사회과학 전공 프로그램은 상당히 빈약하다. 여성, 사회개발, 디지털 정보, 통·번역에 한정되어 있다. 동아시아 관련 학문 프로그램을 카타르재단에 제안하는 것도 교류의 물꼬를 틀 수 있는 좋은 방안이다. 조지타운대학교에 국제관계학 프로그램이 있지만, 동아시아학 분야는 불모지이고, 카타르 대학교 역시 동아시아는 전공 자체가 존재하지 않는다.

동아시아에 관심을 가진 카타르 시민권자 학생이 우리나라 대학에 진학하도록 이끄는 것도 이공계 전공생 유치만큼이나 중요하다. 다만, 카타르 시민권을 지닌 학생 수가 극도로 적은 것이 전공과 무관하게 양국 간 학생

교류에 가장 큰 걸림돌이다. 카타르가 국가적으로 지식기반 경제를 강력하게 밀고 있지만, 자국민 학생들의 교육열은 정부의 교육 드라이브 속도를 따라잡지 못하고 있다. 남학생보다 여학생의 교육 참여도가 훨씬 높지만, 남녀 분리가 여전히 엄격하여, 카타르 대학의 경우 도서관마저 시설이 남녀학생이 따로 사용하도록 똑같이 이분화되어 있을 정도다. 남녀 분리 문화가 완화되어야 지식기반 경제 발전도 효과를 볼 것이다. 교육도시는 자유롭지만, 카타르 사회 전반적으로 보수적인 문화가 여전히 강한 편이다. 직장을 선택할 때 가족으로부터 심적인 압력을 받고 있고, 보호받는 존재로서 온전한 자유를 누리지 못하고 있는 편이다.

여학생들의 교육 관심을 높일 수 있는 프로그램을 발굴하여 교육열이 높은 여학생 교류 물꼬를 트는 것도 좋은 방법이나 사회분위기를 고려하면, 카타르 여학생의 한국 유학은 쉽지 않다. 현지에서 우리만의 특화한 여성 대상 교육프로그램을 선보이는 노력이 필요하다.

〈사진7〉 2022년 두바이 국제금융센터 디지털경제 모의법정 대회에서 18개 대학을 이기고 수상한 하마드 빈 칼리파 대학교 법대 여학생 3인(출처: 하마드 빈 칼리파 대학교 홈페이지)

참고자료 및 출처 ───────────

Ben Hassen, T. (2021), "The state of the knowledge-based economy in the Arab world: cases of Qatar and Lebanon", *EuroMed Journal of Business*, Vol. 16, No. 2, pp. 129-153. https://doi.org/10.1108/EMJB-03-2020-0026(검색일: 2021년 2월 3일)

Hukoomi (2021), "Higher Education Institutions in Qatar", November 22, https://hukoomi.gov.qa/en/article/higher-education-in-qatar(검색일: 2022년 12월 15일)

OPEC (2022), Annual Statistical Bulletin 2022. https://asb.opec.org(검색일: 2022년 12월 6일)

Planning and Statistics Authority, https://www.psa.gov.qa(검색일: 2023년 1월 5일)

Qatar Development Bank (n.d.), Education Sector *in Qatar*, Doha: Qatar Development Bank, https://www.qdb.qa/en/Documents/Education_Sector_in_Qatar_EN.pdf(검색일: 2021년 2월 4일)

Qatar Foundation, https://www.qf.org.qa(검색일: 2022년 12월 2일)

World Bank, https://data.worldbank.org(검색일: 2022년 12월 15일)

대학교 홈페이지 ───────

Carnegie Mellon University Qatar, https://www.qatar.cmu.edu

Georgetown University in Qatar, https://www.qatar.georgetown.edu

Hamad Bin Khalifa University, https://www.hbku.edu.qa/en

HEC Paris in Qatar, https://www.qatar.exed.hec.edu

Northwestern University in Qatar, https://www.qatar.northwestern.edu

Qatar University, http://www.qu.edu.qa

Texas A&M University in Qatar, https://www.qatar.tamu.edu

University College London in Qatar, https://www.ucl.ac.uk/global/regional-focus/
    ucl-qatar-2010-2020

Virginia Commonwealth University School of the Arts in Qatar, https://qatar.vcu.
    edu

Weill Cornell Medicine-Qatar, https://qatar-weill.cornell.edu

〈저자약력〉

명순구

프랑스 Paris 1 대학교(법학박사)

現) 고려대학교 법학전문대학원 교수

김종도

수단 Omdurman Islamic University(언어학박사)

現) 고려대학교 아세아문제연구원 중동이슬람센터장

김재희

한국외국어대학교 통역번역대학원(통역번역학박사)

現) 서강대학교 유로메나연구소 책임연구원

이양희

튀르키예 앙카라대학교(언어학박사)

現) 한국외국어대학교 특수외국어교육진흥원 책임연구원

성일광

이스라엘 텔아비브대학교(중동학박사)

現) 서강대학교 유로메나연구소 책임연구원

박현도

이란 테헤란대학교(이슬람학박사)

現) 서강대학교 유로메나연구소 대우교수

파안연구총서 공감 04
중동의 대학교육과 고등교육 협력방안

초판 1쇄 인쇄　2023년 01월 25일
초판 1쇄 발행　2023년 01월 31일

—

지은이　명순구 · 김종도 · 김재희 · 이양희 · 성일광 · 박현도
펴낸이　이방원

—

펴낸곳　세창출판사
　　　　신고번호 제1990−000013호　주소 03736 서울특별시 서대문구 경기대로 58 경기빌딩 602호
　　　　전화 02−723−8660　팩스 02−720−4579　이메일 edit@sechangpub.co.kr　홈페이지 http://www.sechangpub.co.kr
　　　　블로그 blog.naver.com/scpc1992　페이스북 fb.me/Sechangofficial　인스타그램 @sechang_official

—

ISBN　979−11−6684−172−9　93360